すてきな笑顔
初めての授業参観
どうだった?!
一年生
代表委員会
本部の頑張り
大成功
交通安全パレード
目標に向かって
15年にわたる泥沼の戦い
やさしい!6年生
新聞委員会
一年を終えて
自然のきびしさ・大切さ
世界一大きな国ロシア

調べてまとめて新聞づくり

① 新聞ってどんなもの?

監修・竹泉稔

はじめに

◆ある小学校の4年生のクラスでは、日直が毎日、前日の新聞から紹介《しょうかい》したい記事《きじ》を発表《はっぴょう》しています。気になる記事を切りぬき、百字くらいの感想《かんそう》を書いてみんなの前で話すのです。

　同じクラスの子でも、切りぬく記事は、人によってまったくちがいます。スポーツ好《ず》きな子もいれば、海外の話《わ》題《だい》に関心《かんしん》をもっている子もいます。だれがどんなことに関心があるのか、みんな興味《きょうみ》しんしんです。ときには、先生が記事を紹介し、その問題《もんだい》についていっしょに考えることもあります。

　自分だけでなく、友だちや先生が切りぬいた記事を通して、新しい見方や考え方を学べる。新聞にはそうした力があります。

◆今、疑問《ぎもん》に思ったことを調《しら》べ、編集《へんしゅう》の仕方《しかた》や記事の書き方に注意《ちゅうい》して新聞をつくる授業《じゅぎょう》が全国《ぜんこく》の学校で活発《かっぱつ》におこなわれています。その目的《もくてき》は、話す力、聞く力、書く力、読む力をつけるためです。

　このシリーズでは、どうすればよい新聞がつくれるようになるかを、5巻《かん》にわけて見ていきます。

❶新聞ってどんなもの?
❷新聞のつくり方・見せ方
❸授業《じゅぎょう》のまとめ新聞をつくろう
❹研究《けんきゅう》したことを新聞で発表《はっぴょう》しよう
❺学級《がっきゅう》新聞・学校新聞をつくろう

　新聞のよいところのひとつは、あらゆる種類《しゅるい》の情報《じょうほう》がのっていることです。上の例《れい》のように、切りぬいた記事を自分なりにまとめたり、友だちの発表を聞いたりすることで、新しい興味が広がり、今まで思いもつかなかった新しい疑問もわいてきます。

◆さあ、きみもこのシリーズをしっかり読んで、よい新聞をつくってください。そして、自分のつくった新聞について、みんなから意見《いけん》をもらって考えてみましょう。そうしているうちに、きみの話す力、聞く力、書く力、読む力は、きっとのびていきますよ。そう、日本語の力、とくにものを見る力、考える力がついていくのです。

この新聞は45ページで紹介《しょうかい》されているよ。

もくじ

「新聞」ということばの意味《いみ》

「新聞」と聞くと、新聞紙を思いうかべる人が多いのでは？　紙の新聞ではなくて、「新聞」ということばの、もともとの意味《いみ》を考えてみよう。

「新聞」と「ニュース」

「新聞」は「新聞紙」？

「新聞」ということばを『広辞苑《こうじえん》』で引くと、2つの意味《いみ》が出てきます。ひとつは、「新聞紙の略《りゃく》」という意味です。でも最初《さいしょ》に出てくる意味は「新しく聞いた話、新しい知らせ、新しい見聞、ニュース」です。

事件《じけん》や事故《じこ》、政治《せいじ》や経済《けいざい》、国《こく》際情勢《さいじょうせい》、文化《ぶんか》・スポーツなど、

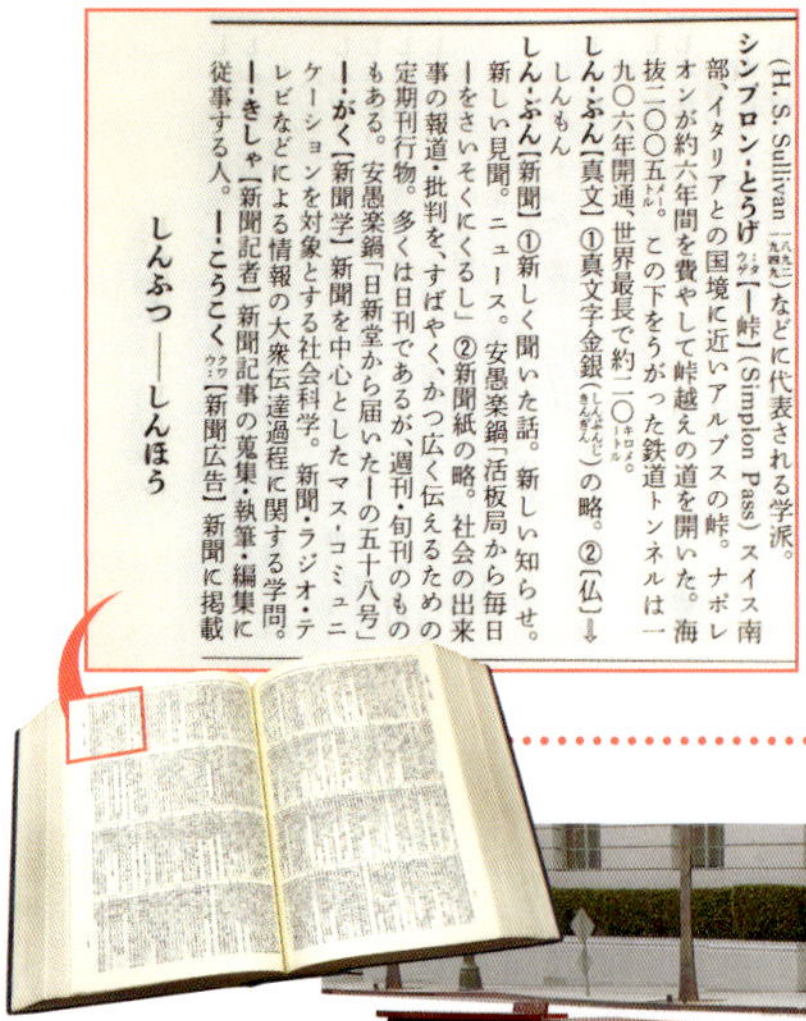
(H. S. Sullivan)などに代表される学派。

シンプロン・とうげ【―峠】(Simplon Pass) スイス南部、イタリアとの国境に近いアルプスの峠。ナポレオンが約六年間を費やして峠越えの道を開いた。海抜二〇〇五メートル。この下をうがった鉄道トンネルは一九〇六年開通、世界最長で約二〇キロメートル。

しん・ぶん【真文】①真文字金銀の略。②〔仏〕⇒しんもん
しん・ぶん【新聞】①新しく聞いた話。新しい知らせ。新しい見聞。ニュース。安愚楽鍋「活板局から毎日―をさいそくにくるし」②新聞紙の略。社会の出来事の報道・批判を、すばやく、かつ広く伝えるための定期刊行物。多くは日刊であるが、週刊・旬刊のものもある。安愚楽鍋「日新堂から届いた―の五十八号」

―・がく【新聞学】新聞を中心としたマス・コミュニケーションを対象とする社会科学。新聞・ラジオ・テレビなどによる情報の大衆伝達過程に関する学問。

―・きしゃ【新聞記者】新聞記事の蒐集・執筆・編集に従事する人。

―・こうこく【新聞広告】新聞に掲載
しんぶつ ―― しんほう

LA WEEKLY
FREE
Los Angeles Times
$Free.
▲アメリカでは、路上《ろじょう》に新聞の自《じ》動販売機《どうはんばいき》がある。無料《むりょう》で手に入る新聞もある。

エルゴラッソ
150円(税込)
デイリースポーツ
朝・夕刊各130円(税込)
デイリーヨミウリ
130円(税込)
ジャパン
180円(税込)

新聞とは何かを考えるスタートとして、まずは「新聞」ということばの意味《いみ》を知ることからはじめよう。

社会でおきているあらゆるニュース（＝新聞）を広く知らせるために、記事《きじ》や写真《しゃしん》、表《ひょう》やグラフなどを印刷《いんさつ》したものが、新聞紙なのです。

ニュース＝新しいもの

いま、わたしたちがふつうにつかっている「ニュース」ということばは、英語《えいご》のnews《ニュース》という単語《たんご》からきたものです。

英語のnewsは「社会におこる事件《じけん》・事故《じこ》の報道《ほうどう》、新しい話など」という意味《いみ》ですが、古いフランス語のnouvelles《ヌーベル》（新しいもの）が英語になったものと考えられています。

newsの語源《ごげん》にはもうひとつ説《せつ》があります。東西南北をあらわす英単語《えいたんご》のnorth《ノース》（北）、east《イースト》（東）、west《ウエスト》（西）、south《サウス》（南）の頭文字《かしらもじ》をつなげて、newsとしたというものです。これは一般的《いっぱんてき》な説ではありませんが、社会のあらゆるところ（東西南北）でおこることがnewsになるというのは、あんがい的《まと》を射《い》ているかもしれません。

▼日本では、新聞の販売方法《はんばいほうほう》はふたつ。家にくばられる「宅配《たくはい》」と、駅《えき》やコンビニエンスストアなどで売られている「即売《そくばい》」だ。売店では、たくさんの新聞が置《お》けるように重ね、ケースにさしこまれている。

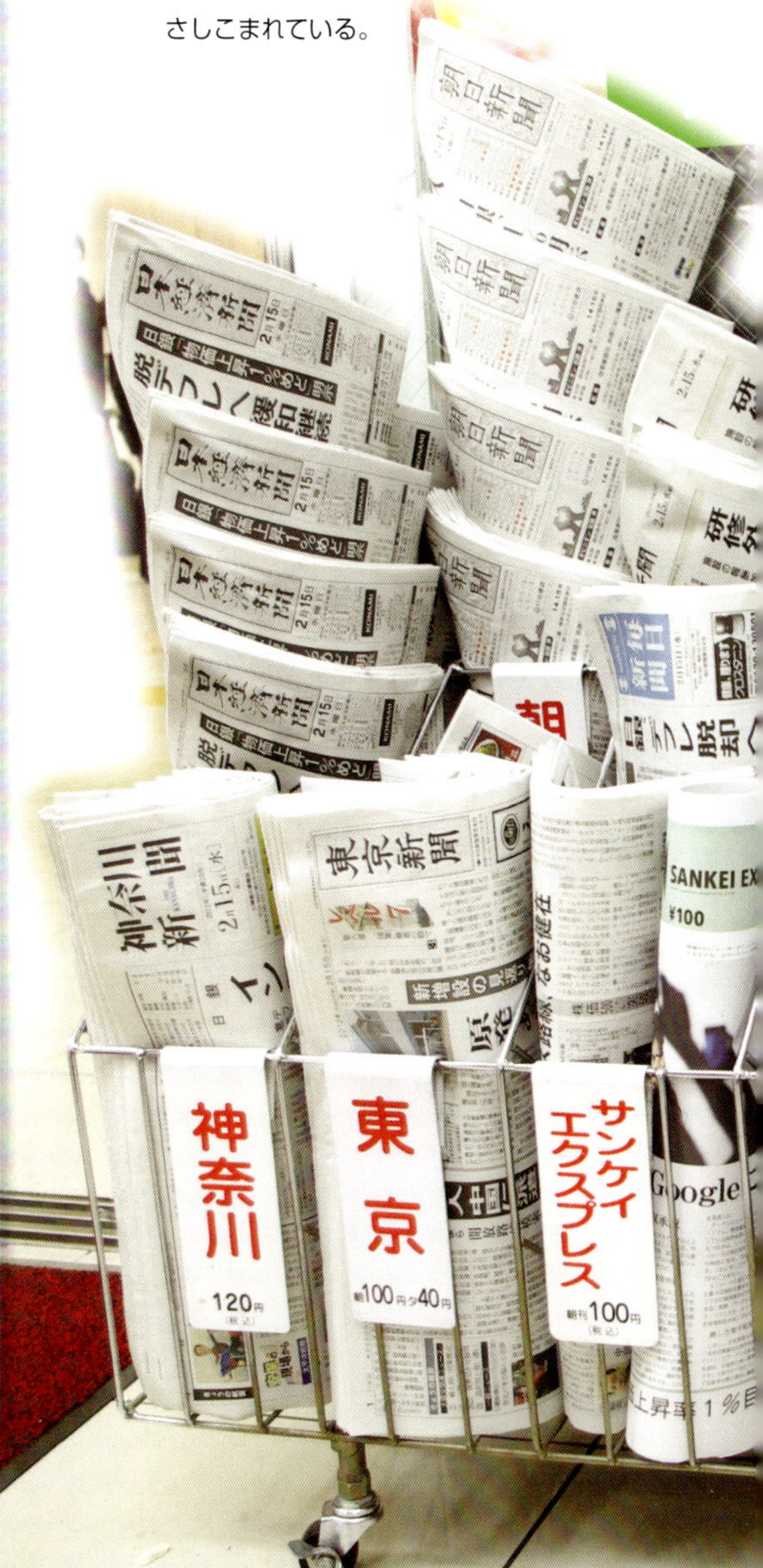

豆《まめ》ちしき　中国語の「新聞」

日本では、「新聞」という漢字《かんじ》は、英語《えいご》のnewspaper《ニュースペーパー》（新聞紙）の意味《いみ》ももっています。ところが、中国では「新聞」と書くと、news《ニュース》（ニュース）を意味します。では、中国ではnewspaper（新聞紙）は、何と書くのでしょう。それは、「報《バオ》」です。日本では「知らせる」という意味の漢字です。

中国では、清朝末期《しんちょうまっき》、ヨーロッパ人が新聞を発刊《はっかん》し、それをまねて中国人も新聞を発刊しました。その新聞に、ニュースという意味の「新聞」という名をつけたのです。この中国の新聞が日本に伝《つた》えられ、日本でも幕末《ばくまつ》には、それまで「かわら版《ばん》」とよばれていたものが新聞とよばれるようになったといわれています。

▼日本で発行《はっこう》されている中国語の新聞。どれも新聞名には「報《バオ》」がついている。

新聞にのるニュースとは？

ニュースの価値《かち》

道を歩いていて、とつぜん交通事故《じこ》を目《もく》撃《げき》したら、その人にとってその事故は、大きなニュースになります。しかし、その事故が新聞にのるかといえば、多くの人がおどろくほどの大事故でないかぎり、つぎの日の新聞にのることはありません。

なぜなら、新聞にのるかどうかは、新聞をつくっている人が判断《はんだん》して決《き》めるからです。つまり、新聞は、人がニュースの価値《かち》を判断してつくりあげているのです。

その日のできごとのなかで、何がもっとも重要《じゅうよう》か、どんなところが、なぜ重要なのか。その判断のもととなる考え方は、人によって、あるいは新聞をつくる団体《だんたい》によってちがいます。「どう判断するか」という考え方によって、記事《きじ》の選《えら》び方《かた》も書き方もかわるので、新聞にとって、判断基準《きじゅん》はとても重要になってきます。

全国紙《ぜんこくし》3紙の同じ日のニュースくらべ

朝日新聞

朝日新聞
2012年(平成24年) 1月16日 月曜日
配布ミス 4500人影響
センター試験 トラブル数最悪
救済数は不明
汚染コンクリで建築
福島・二本松 マンションから高線量
物理の根幹 新たな数式
不確定性原理 名大教授の予測、実証
スペイン・イタリア
マネー干上がる大国
行きづまる国々 世界信用危機
天声人語
「アラブの春」1年…各国は
岡田氏、議員歳費削減に意欲
「廃材を財産に」町工場一丸
古文書読み解き地震対策
女子駅伝 大阪が19年ぶり優勝
広告

毎日新聞
1月16日(月)
広告
ユース五輪スノボ 大江光が金
量子力学「不確定性原理」に欠陥
イラン「IAEA月内受け入れ」
琴奨菊が4敗目
福島 新築マンションで高線量
TOPICS
エジプト観光 苦境に

前日おこなわれたセンター試験《しけん》の配布《はいふ》ミスの記事《きじ》をいちばん大きくのせ、福島《ふくしま》の原発関連《げんぱつかんれん》の記事をつぎに大きくあつかっている。

新聞はみんな同じだと思っている人がいるかもしれないけれど、けっしてそんなことはないよ。記事《きじ》の選《えら》び方《かた》や書き方に、それぞれの新聞社の考え方が反映《はんえい》されるよ。

下の3つの記事は、全国紙《ぜんこくし》（日本全国に向《む》けて発信《はっしん》する新聞⇩10ページ）3紙の同じ日の1面《めん》をくらべたものです。1面の最《さい》初《しょ》の記事は、新聞にとっていちばん重要なニュースです。同じ日ならどれも同じ記事になりそうですが、3つの紙面《しめん》は、同じではありません。新聞によってニュースの価値判断の基準が、ちがうことがわかります。新聞は、正確《せいかく》な情報《じょうほう》だけでなく、ものごとの見方や考え方も発信しているのです。

▲新聞にどんなニュースをのせたらよいか、新聞社の記者《きしゃ》たちはつねに考えている。

読売新聞

讀賣新聞
2012年（平成24年）1月16日 月曜日

センター試験「社会」
配布ミス 4565人影響
初日混乱 最大規模
9会場は時間延長

公平性が問題に

都市主要駅 防災強化
避難路・備蓄倉庫を整備
法改正へ

地球を読む
フランシス・フクヤマ
米国内の格差
大統領選の重要争点に

政党助成金削減に意欲
岡田副総理、議員歳費も

広告

朝日新聞と同じようにセンター試験《しけん》の記事《きじ》を大きくあつかい、影響《えいきょう》した人数を4565人とくわしく出している。

毎日新聞

毎日新聞

天国の家族に　復興の歌声よ届け

4人亡くした女児　阪神大震災の支援女性と共に

議員歳費削減方針
政府・民主　岡田副総理「8%以上」
増税理解狙う

自治体　対応忙殺

「理解得て年内着工」
普天間移設　田中防衛相が言及

広告

東日本大震災《ひがしにほんだいしんさい》に関連《かんれん》するニュースを大きく取りあげ、センター試験《しけん》に関《かん》する記事《きじ》は右下のほうで小さくあつかっている。

何をのせるか、のせないか

新聞にのるニュースの基準《きじゅん》

下のふたつの新聞は、右が全国《ぜんこく》に向《む》けて発信《はっしん》している毎日新聞、左が富山県《とやまけん》に住《す》む人たちに向けて発信している北日本新聞です。掲載《けいさい》されている記事《きじ》を見てみると、2紙で内容《ないよう》がちがうことがわかります。

このように、新聞に何をのせるかという基準《きじゅん》は、その新聞がだれに向けたどのような新聞なのかによってことなります。読む人にとって何が重要《じゅうよう》なニュースなのかという判断《はんだん》の基準は、新聞の種類《しゅるい》や性格《せいかく》によってかわってくるのです。

たとえば毎日新聞のような全国紙の場合、おおむね、何をのせるか、のせないかはつぎのような基準で決《き》められています。

新しさ　まだ多くの人に知られていない新《しん》鮮《せん》さがあるかどうか。

社会性《しゃかいせい》　社会的《しゃかいてき》な影響力《えいきょうりょく》があるか、多くの人びとが関心《かんしん》をもつかどうか。

全国《ぜんこく》向《む》けと地方向けの同じ日のニュースくらべ

毎日新聞

日本の三大全国紙《ぜんこくし》のなかの1紙。国内や国外でおこったニュースを全般的《ぜんぱんてき》にあつかう。

人間の命《いのち》にかかわる　事故《じこ》や事件《じけん》など、人間の命《いのち》にかかわる緊急性《きんきゅうせい》があるかどうか。

記録性《きろくせい》　「新聞は歴史書《れきししょ》」といわれることがあるように、時代《じだい》を記録《きろく》するようなものであるかどうか。

国際性《こくさいせい》　世界《せかい》の動向《どうこう》を伝《つた》えるものであるかどうか。

北日本新聞のような地方紙（ある地方だけに発信《はっしん》する新聞）の場合、右の例《れい》にくわえて、地域性《ちいきせい》（その地域でおこったニュースかどうか）などが基準となります。

▲新聞記者《きしゃ》は、身近《みぢか》なところからも新聞にのせるニュースをさがす。

北日本新聞の発信先《はっしんさき》
➡富山県《とやまけん》
毎日新聞の発信先
➡全国《ぜんこく》

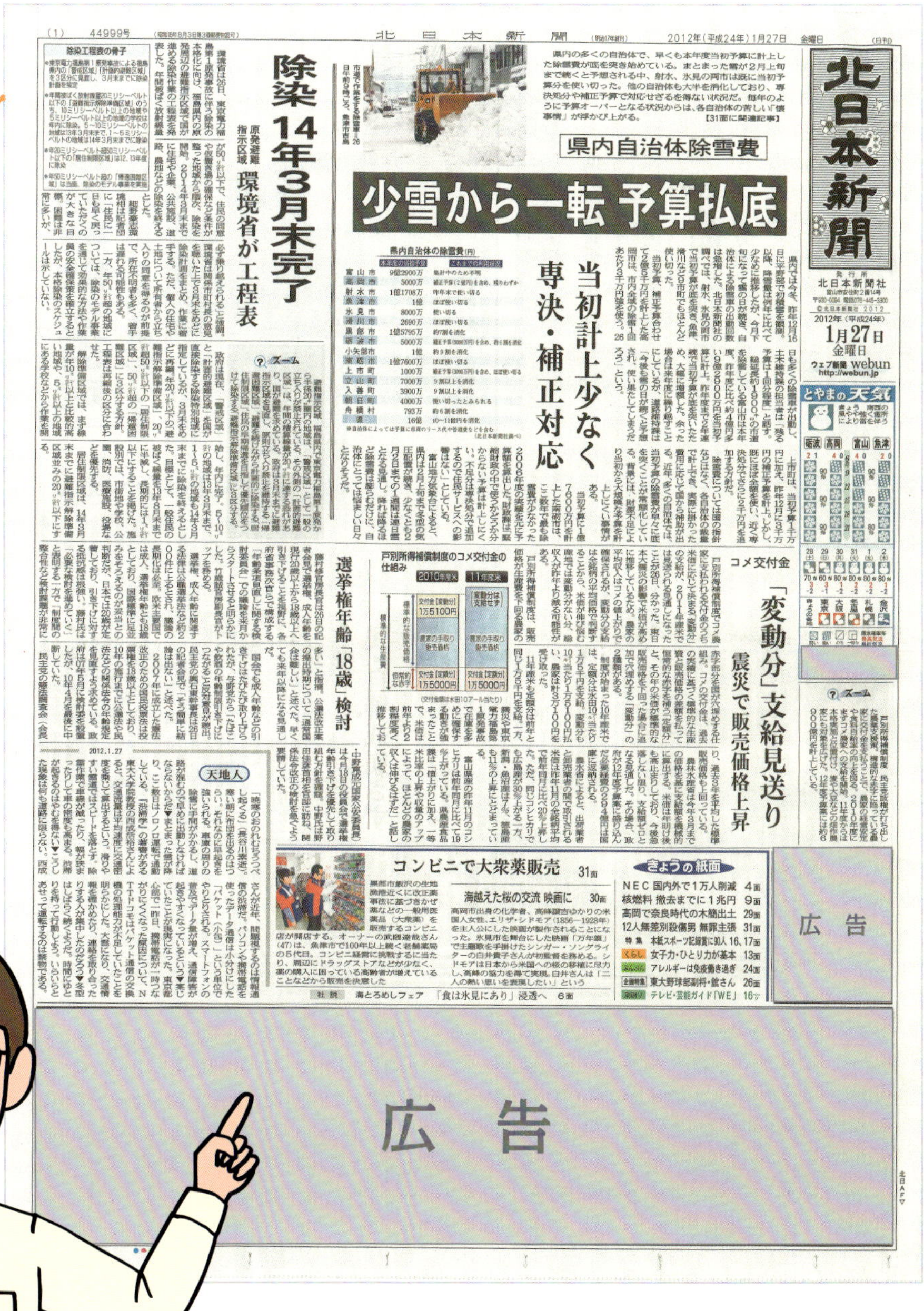
北日本新聞
2012年(平成24年)1月27日 金曜日
県内自治体除雪費
少雪から一転 予算払底
当初計上少なく 専決・補正対応
除染 14年3月末完了
原発避難指示区域 環境省が工程表
コメ交付金
「変動分」支給見送り
震災で販売価格上昇
選挙権年齢「18歳」検討
天地人
コンビニで大衆薬販売
きょうの紙面
広告
広告

北日本新聞

富山県《とやまけん》を代表《だいひょう》する日刊《にっかん》新聞。県内《けんない》でおこったニュースやできごとを中心《ちゅうしん》にあつかう。

だれに向《む》けて出しているかによって、のせる記事《きじ》の内容《ないよう》がずいぶんかわるよ。

新聞の種類《しゅるい》と性格《せいかく》

全国紙《ぜんこくし》と地方紙

8～9ページで見てきたように、新聞には種類《しゅるい》があり、それぞれことなった内容《ないよう》をことなった読者《どくしゃ》にとどけています。

まずは、新聞社から毎日発行《はっこう》される新聞を見てみましょう。新聞社とは、ニュースを報道《ほうどう》することを目的《もくてき》に、新聞を発行する会社です。テレビ局《きょく》やラジオ局とならんで、報道機関《きかん》とよばれています。

発行部数《ぶすう》が多いのは、全国紙《ぜんこくし》とよばれる新聞です。全国《ぜんこく》を対象《たいしょう》に編集《へんしゅう》・発行されていて、全国どこでも手に入ります。

そのほかに、地方紙とよばれる新聞を発行している新聞社が各都道府県《かくとどうふけん》にたくさんあります。地方紙は、ある地方の住民《じゅうみん》を対《たい》象《しょう》に編集・発行されています。9ページで紹介《しょうかい》した北日本新聞は、富山県《とやまけん》の地方紙です。それぞれの地方には全国紙ではなく地方紙を読んでいる読者がたくさんいます。

一般紙《いっぱんし》と専門紙《せんもんし》

全国紙《ぜんこくし》や地方紙を発行《はっこう》している新聞社が出す新聞は「一般紙《いっぱんし》」とよばれています。社会におこるあらゆるニュース（政治《せいじ》や事《じ》件《けん》、経済《けいざい》、スポーツ、海外のできごとなど）をのせています。

一般紙に対《たい》し、「専門紙《せんもんし》」とよばれる新聞があります。スポーツのニュースや芸《げい》能《のう》・レジャー情報《じょうほう》を中心に伝《つた》えるスポーツ紙や、企業《きぎょう》や産業《さんぎょう》、経済に関《かん》する情報を中心に伝える経済紙《けいざいし》のほか、つりニュースのような、趣味《しゅみ》をあつかう新聞もあります。

「夕刊《ゆうかん》」（夕方に配布《はいふ》・販売《はんばい》される新聞）や「週刊《しゅうかん》」（毎週1回発行《はっこう》される新聞）など刊《かん》行形態《こうけいたい》によるちがいや、「フリーペーパー」（無料《むりょう》の新聞）や「広報紙《こうほうし》」（企業や自治体《じちたい》などのお知らせを中心にした新聞）など発行の目的《もくてき》によるちがいのほか、読者《どくしゃ》によるちがいもあります。たとえば小学生新聞や中学生新聞は、その年齢《ねんれい》の子どもが興味《きょうみ》をもつことを記事《きじ》にしたり、ニュースをわかりやすく解説《かいせつ》したりします。英語《えいご》で書かれた英字《えいじ》新聞もあります。

豆《まめ》ちしき　新聞の特《とく》ちょう

紙の新聞の特《とく》ちょうは、テレビやラジオのニュースとちがい、記事《きじ》を切りぬいて保《ほ》存《ぞん》したり、もち歩いたりできるところです。わからない記事があれば、何度《なんど》も読みかえすことができます。

近年では、インターネットでもニュースを見ることができます。インターネットは、情報《じょうほう》をすぐに発信《はっしん》し受信《じゅしん》できるという特ちょうがありますが、発信もとによって記事の信頼性《しんらいせい》がかわってきます。

新聞各《かく》社でも、インターネットをつかって新聞が読めるように、ニュースサイトをつくってニュースを提供《ていきょう》しています。サイトではニュースをかんたんに紹介《しょうかい》し、さらにくわしい内容《ないよう》が必要《ひつよう》であれば、その日の新聞を読めばよい、というわけです。

いろいろな新聞

全国紙《ぜんこくし》

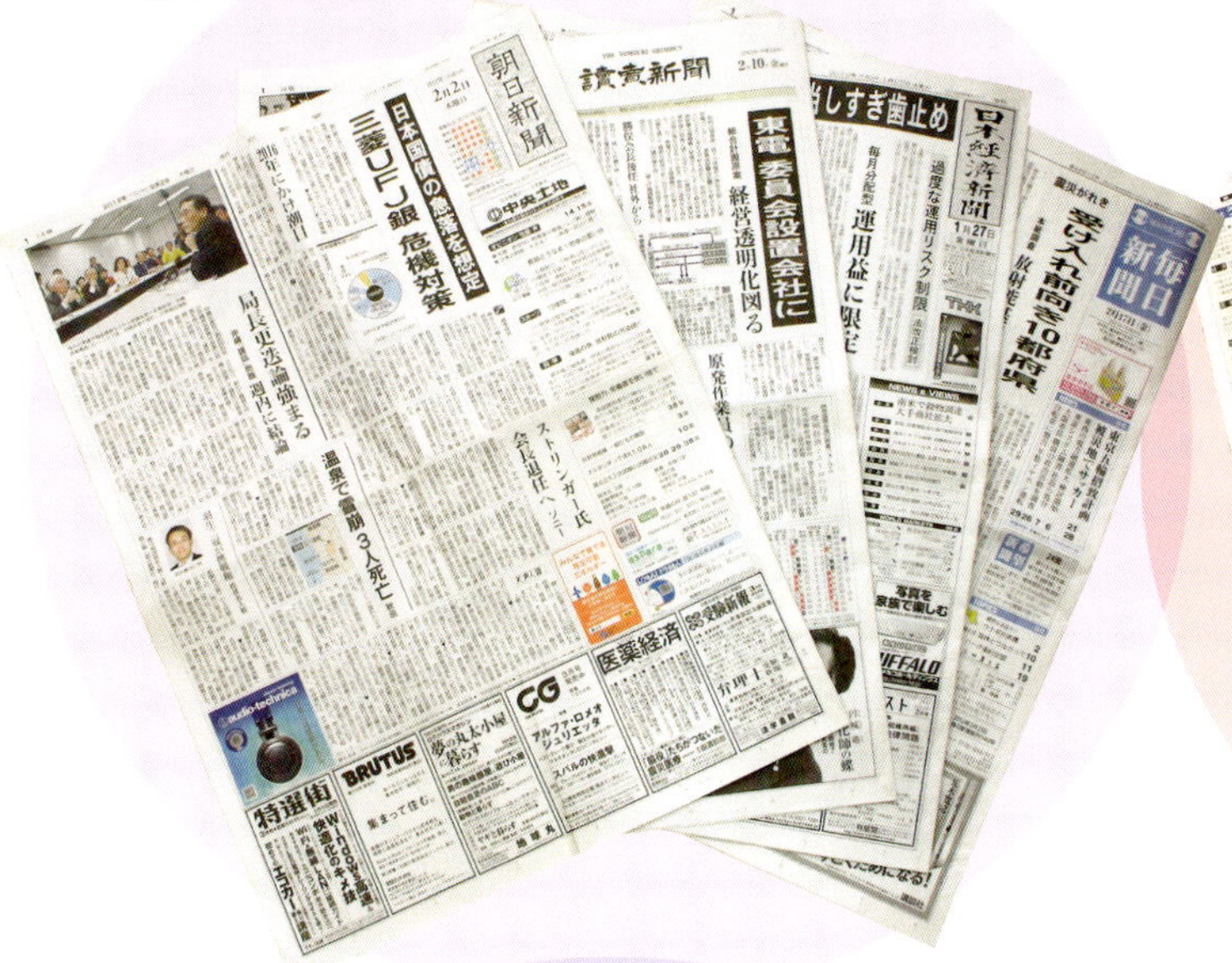

地方紙

ブロック紙

東海《とうかい》地方、九州《きゅうしゅう》地方など、都道府県《とどうふけん》より広いエリアを対象《たいしょう》にした新聞。

県紙《けんし》

県全体《ぜんたい》を対象にした新聞。

地域紙《ちいきし》

市などのせまい地域《ちいき》を対象に出される新聞。

専門紙《せんもんし》

英字新聞《えいじしんぶん》

小学生新聞

世界最古《せかいさいこ》の新聞と日本の新聞の原型《げんけい》は?

16世紀《せいき》ごろのドイツで、ニュースを書いた紙が印刷《いんさつ》されて出版《しゅっぱん》されていたのが、新聞のはじまりといわれているよ。世界《せかい》と日本の新聞の歴史《れきし》を見てみよう。

世界初《せかいはつ》の新聞はドイツで生まれた

15世紀《せいき》のヨーロッパでは、ベネチアなどの商業都市《しょうぎょうとし》でニュースを手書きで複製《ふくせい》したものが販売《はんばい》されていました。その後、ドイツのグーテンベルクが活版印刷技術《かっぱんいんさつぎじゅつ》を発明《はつめい》したことにより、15世紀の末《すえ》ごろのドイツでは、ニュースを書いたビラまたはパンフレットのようなものが印刷され、不定期《ふていき》で出版《しゅっぱん》されるようになりました。

1605年、ヨハン・カロルスは週刊《しゅうかん》新聞「レラツィオン(Relation/写真《しゃしん》左)」を創刊《そうかん》。これが、世《せ》界最古《かいさいこ》の印刷された新聞だといわれています。1650年、ドイツでヨーロッパ初《はつ》の日刊《にっかん》新聞が登《とう》場《じょう》。1700年までに、ドイツだけでも50~60の新聞が定期《ていき》的《てき》に発行《はっこう》されるようになりました。

一方、イギリスでは17世紀に大航海時代《だいこうかいじだい》をむかえて貿易《ぼうえき》が活《かっ》発《ぱつ》になり、商人《しょうにん》たちは、商売《しょうばい》に必要《ひつよう》な情報《じょうほう》や異国《いこく》の事情《じじょう》、政治《せいじ》や戦争《せんそう》のニュースを必要としていました。そして王の交たいがおきた「名誉革命《めいよかくめい》」などの社会的《しゃかいてき》な大事件《だいじけん》を通して、ニュースを出版するという文化《ぶんか》が生まれ、日刊新聞や週刊新聞がいくつも出版されるにいたりました。

その後、印刷機《いんさつき》や紙の発達《はったつ》にともない、また、広告《こうこく》を掲載《けいさい》することで安《やす》い新聞が発《はっ》売《ばい》されるようになり、現在《げんざい》のような新聞のかたちになりました。

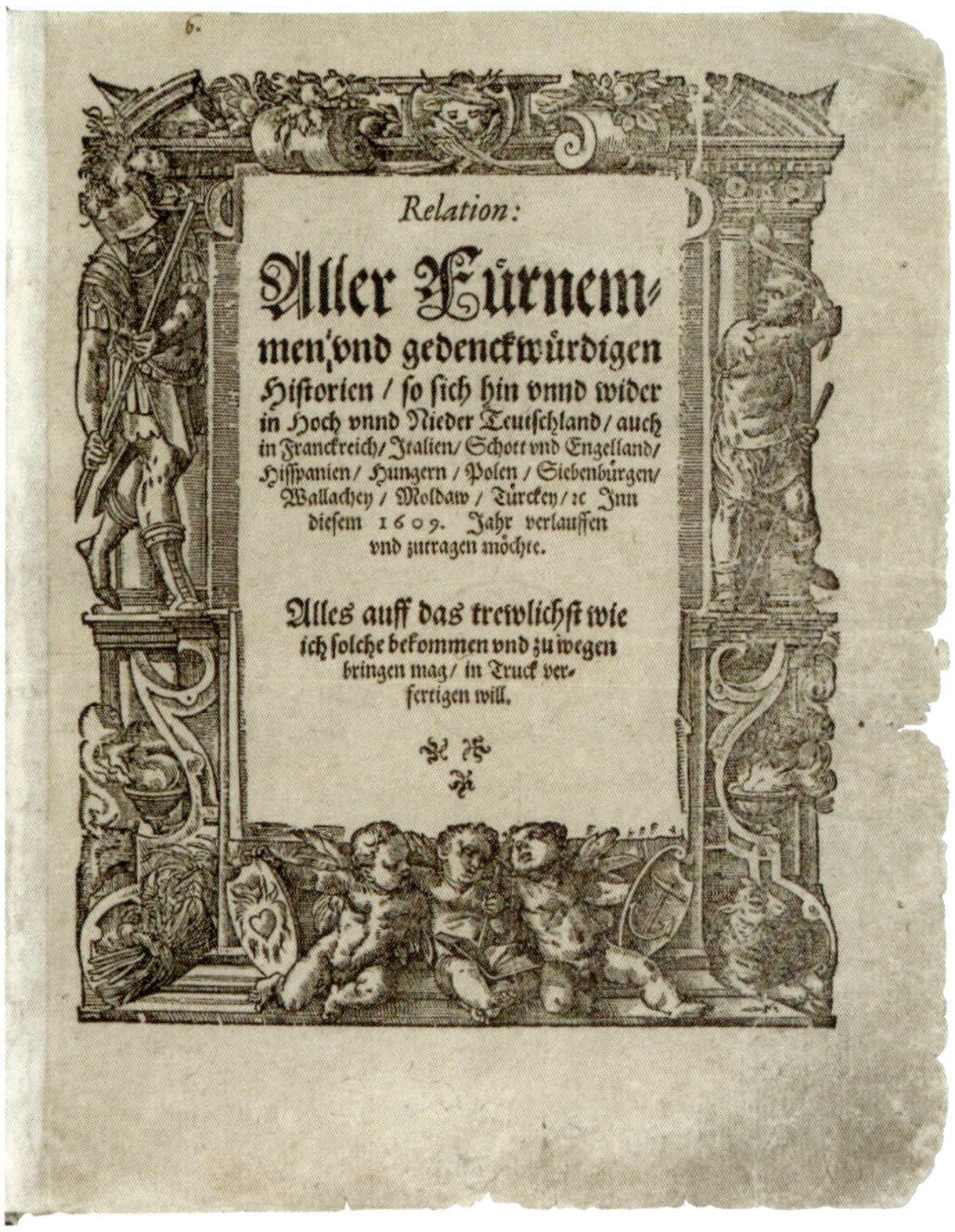
Relation:
Aller Fürnemmen, vnd gedenckwürdigen Historien / so sich hin vnnd wider in Hoch vnnd Nieder Teutschland / auch in Franckreich / Italien / Schott vnd Engelland / Hisspanien / Hungern / Polen / Siebenbürgen / Wallachey / Moldaw / Türckey / ⁊c. Inn diesem 1609. Jahr verlauffen vnd zutragen möchte.
Alles auff das trewlichst wie ich solche bekommen vnd zuwegen bringen mag / in Truck verfertigen will.

「レラツィオン」の表紙《ひょうし》。レラツィオンとは、「伝《つた》える」という意味《いみ》。ヨハン・カルロスは、それまでニュースを手書きした冊子《さっし》を貴族《きぞく》らに販売《はんばい》していたが、ニュースを印刷《いんさつ》してくばることを思いつき、週1回の郵便《ゆうびん》集配《しゅうはい》にあわせて週刊《しゅうかん》新聞を発行《はっこう》した。

日本の新聞の歴史《れきし》は江戸時代《えどじだい》から

日本では、現在の新聞の原型《げんけい》は「かわら版《ばん》」です。

かわら版とは、事件などの速報記事《そくほうきじ》を半紙《はんし》1枚《まい》に刷《す》ったもの。もとはねんどに字や絵をほりつけ、かわらのように焼《や》いて版《はん》としていたことからその名がついたといわれています。

もっとも古いかわら版は、1615年の大坂《おおさか》の陣《じん》（江戸幕府《えどばくふ》が豊臣宗家《とよとみそうけ》をほろぼした戦《たたか》い）について書いたものだといわれています。つまり、1605年のヨハン・カロルスの世界最古の新聞とほぼ同じころには、日本にもかわら版ができていたのですからおどろきです。幕府によるきびしい監視《かんし》をうけながらも、かわら版では、天災《てんさい》や異国船《いこくせん》の来航《らいこう》などのニュースや、まちなかでおきた事件《じけん》を人びとに伝《つた》えました。

日本で「新聞」ということばがつかわれはじめたのは、幕末《ばくまつ》のころだと考えられています。1862年には江戸幕府が海外のニュースを翻訳《ほんやく》して発行した「官板《かんぱん》バタヒヤ新聞」や、1865年に通訳《つうやく》・貿易商《ぼうえきしょう》として活《かつ》やくしたジョセフ・ヒコが外国の新聞を翻訳・編集《へんしゅう》して出した「海外新聞」など、翻訳新聞が登場しはじめました。

日本初の日刊新聞は、1871年に横浜《よこはま》で創刊された「横浜毎日新聞」です。その後、「東京日日新聞《とうきょうにちにちしんぶん》」（1872年、現在《げんざい》の毎日新聞）、「讀賣新聞《よみうりしんぶん》」（1874年）、「朝日新聞」（1879年）などが創刊《そうかん》され、世《よ》のなかに新聞が出まわりはじめました。

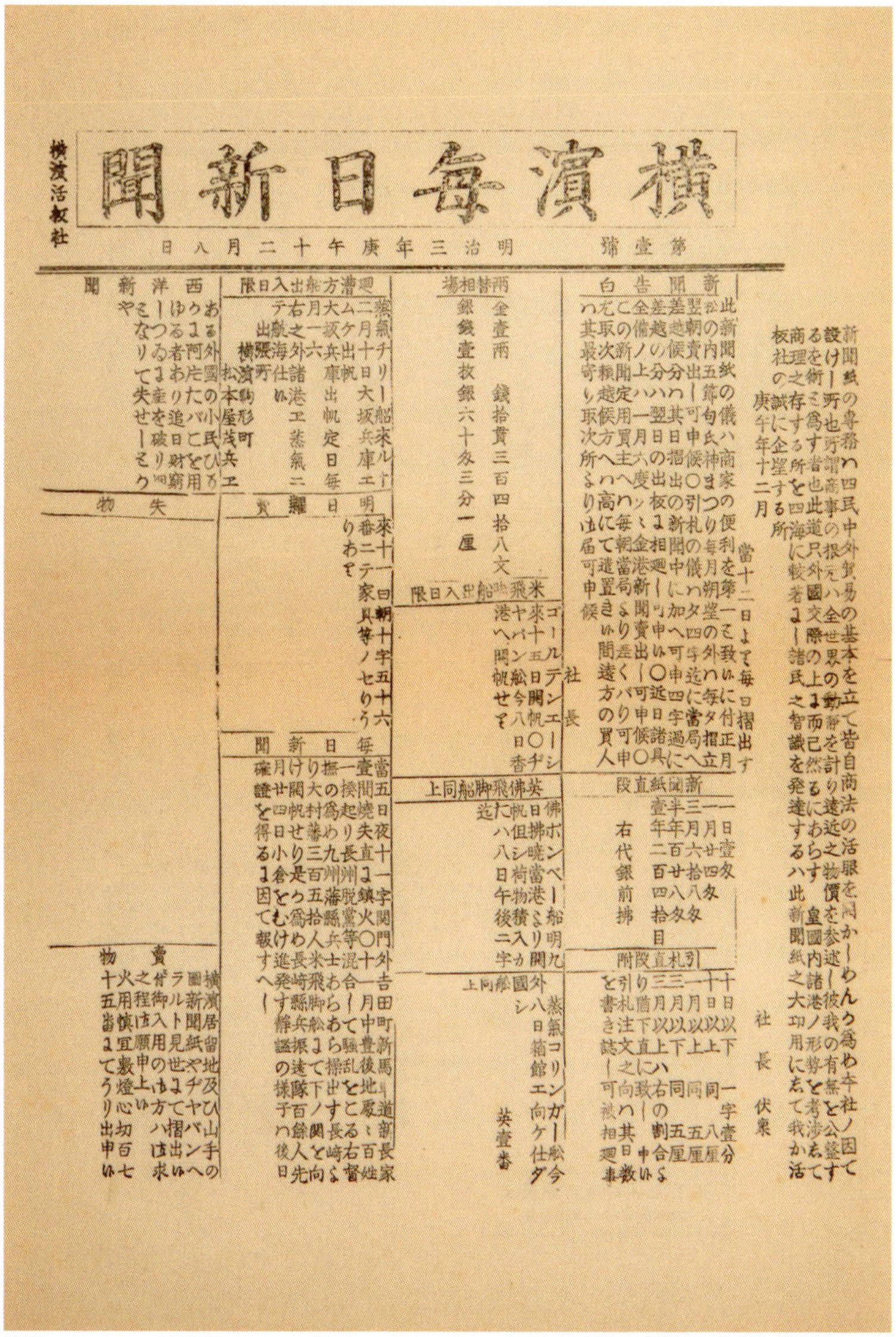
横濱毎日新聞

第壹號　明治三年庚午十二月八日

横濱活板社

横浜毎日新聞《よこはまいにちしんぶん》の創刊号《そうかんごう》。かわら版《ばん》のような半紙ではなく、洋紙《ようし》の両面《りょうめん》に記事《きじ》を印刷《いんさつ》した。当初《とうしょ》は貿易《ぼうえき》や経済《けいざい》に関《かん》するニュースが中心だった。のちに政治《せいじ》に関する記事をのせる新聞へとかわり、新聞名もかえながら1940年まで刊行《かんこう》された。（国立国会図書館所蔵）

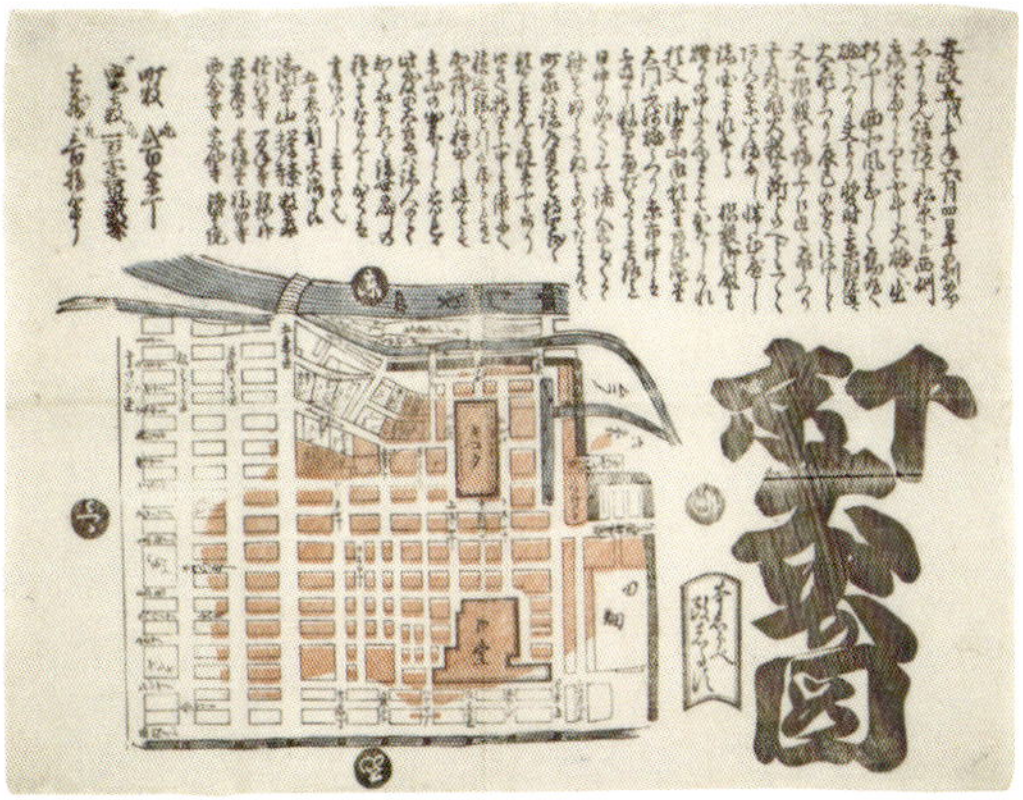

江戸時代《えどじだい》にくばられたかわら版《ばん》「下京大火《しもきょうたいか》の図《ず》」。1858年、京都《きょうと》でおこった大火についての記事《きじ》がのっている。被災町数《ひさいちょうすう》200あまり、焼失家屋《しょうしつかおく》1万3250件《けん》あまりと書かれ、焼失地《ち》域《いき》を赤色で刷《す》って被害《ひがい》のようすがわかるようにしている。（日本新聞博物館所蔵）

パート2

新聞のくふうを見てみよう

新聞は、時間におわれていそがしい読者《どくしゃ》が、ざっと見ただけでも内容《ないよう》をつかめるように、いろいろくふうがされているよ。新聞がどんなふうにできているのかをくわしく見ていこう。

新聞の構成《こうせい》

1面《めん》は新聞の顔

パート1で見てきたように、新聞にはいろいろな種類《しゅるい》がありますが、構成《こうせい》はどれもだいたい同じです。新聞について知るうえで、構成を確認《かくにん》しておくことはとても大事《だいじ》です。

まずは、本や雑誌《ざっし》の表紙《ひょうし》にあたる、新聞の「1面《めん》」を見てみましょう。1面には、ジャンルにこだわらず、その日のニュースでいちばん重要《じゅうよう》な記事《きじ》がのっています。1面に目を通せば、その日の大きなニュースがわかります。「特《とく》ダネ」（ほかの新聞には

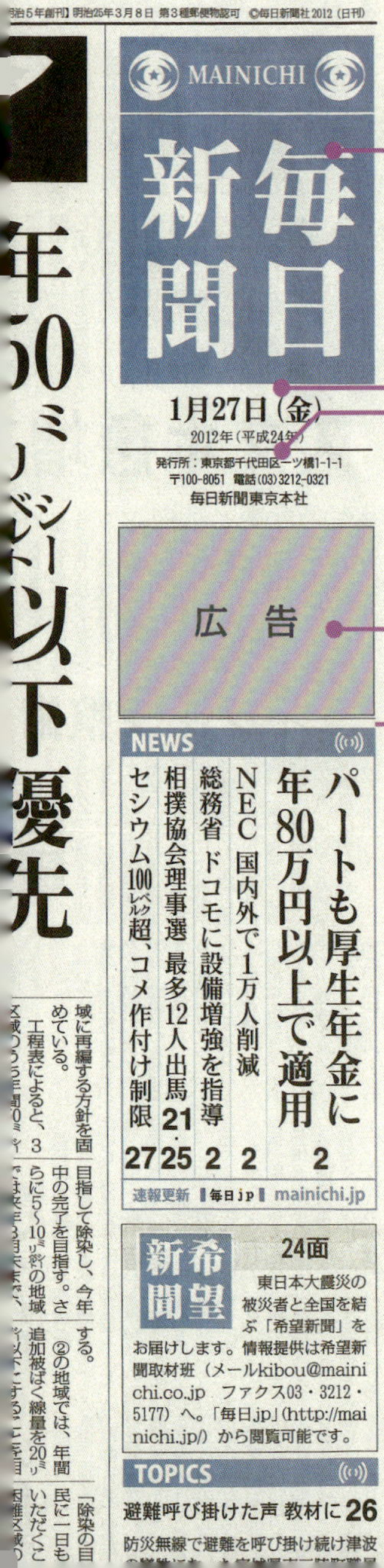

発行所《はっこうじょ》 その新聞を発行《はっこう》している新聞社の名前のほか、住所《じゅうしょ》や連絡《れんらく》先《さき》など。

発行日《はっこうび》 新聞が発行《はっこう》された日付《ひづけ》。

題字《だいじ》 新聞の名前。

広告《こうこく》 広告《こうこく》も商品《しょうひん》やイベントなどの重要《じゅうよう》な情報源《じょうほうげん》。企業《きぎょう》がはらう広告料金《りょうきん》は、新聞をつくる費用《ひよう》の一部《いちぶ》になる。

もくじ その日の紙面《しめん》のおもな内容《ないよう》を紹介《しょうかい》。

みんなは、ふだん新聞をどこから見はじめる？ まずもくじを見て、興味《きょうみ》があるページを開《ひら》くというのもいい方法《ほうほう》だよ。

出ていない重大事件《じゅうだいじけん》や重要な報道《ほうどう》や最新《さいしん》のニュースが入るのも1面です。

豆《まめ》ちしき 新聞の基本構造《きほんこうぞう》

新聞は、上下左右に何文字《もじ》、何行か、一定《いってい》の幅《はば》で区切《くぎ》って段《だん》にする「段組《だんぐみ》」を利用《りよう》しています。つくる新聞の大きさにあわせて段数《だんすう》を決《き》めればよく、特《とく》に決《き》まりはありません。

下で紹介《しょうかい》している毎日新聞の場合は、1ページあたり15段。1段の行数は73行で、文字数は10字です。朝刊《ちょうかん》の平均的《へいきんてき》なページ数は28ページですが、紙面《しめん》には写真《しゃしん》やグラフにくわえて広告《こうこく》もあるので、文字量《りょう》は、およそ20万字ほどになり、これは400字づめの原稿《げんこう》用紙500枚《まい》分になります。朝刊だけで、毎日それほどの情報《じょうほう》を提供《ていきょう》しているのです。

1 13版 2012年(平成24年)1月27日(金) 毎日新聞

除染 14年3月

「50ミリシーベルト超」は計画示せず

国は放射性物質汚染対処特別措置法に基づき、現在の警戒区域と計画的避難区域を「除染特別地域」として除染。また、両区域は4月から①年間20ミリシーベルト以下の避難指示解除準備区域(除染対象面積約……

線量が年間50ミリシーベルト以下の地域は住民の同意など条件が整った地域から今春以降順次、本格除染に着手し、14年3月末までの完了を目指す。一方で年間50ミリシーベルト超の地域については、現在の技術では住民が帰宅できるレベルまで線量を下げられず、帰還の難しさが改めて浮き彫りになった。(社会面に関連記事)

小雪が舞うなか、雪下ろししながら除染する作業員ら。本格的な除染は春以降に始まる=福島県飯舘村の飯舘村公民館で21日、森田剛史撮影

◆除染工程表の骨子◆

新たな避難指示区域ごとの除染工程表

野田首相 増税「公約違反でない」

代表質問 早期解散を否定

野田佳彦首相は26日の衆院本会議で始まった各党代表質問で、消費増税が09年衆院選の民主党マニフェストに違反するとの批判に「衆院議員任期中に消費税率の引き上げは行わない。従って公約違反ではない」と反論した。「やり抜くべきことをやり抜いたうえで国民の判断を仰ぎたい」と早期の衆院解散・総選挙には否定的な考えを改めて表明。自民党の谷垣禎一総裁に「改革の方向性、考え方に大きな違いはなく、ぜひ協議に応じてほしい」と与野党協議への参加を要請した。(3面にクローズアップ、5面に関連記事と詳報)

谷垣氏は消費増税を柱とする税と社会保障の一体改革について「マニフェスト違反は明らかだ。民主党政権に(消費増税法案)提出の権限は与えられていない」として、衆院……

面《めん》でことなるニュース記事《きじ》

面《めん》のしくみ

面《めん》というのは、本でいうとページのようなものです。一般紙《いっぱんし》を例《れい》にすると、新聞は1面からはじまって、総合《そうごう》面、経済《けいざい》面、スポーツ面などさまざまな面があります。

新聞では、すべての面をめくらなくても知りたい情報《じょうほう》をすぐにさがすことができるように、ニュースをジャンル（分野）ごとにわけてのせています。紙面《しめん》のらん外に、面数が書かれた数字があり、そのとなりの「経済」「社会」などが、それぞれの面であつかっている分野です。面によって、まったくことなる分野のニュースが掲載《けいさい》されています。

このページに掲載されているのは、毎日新聞のある日の朝刊《ちょうかん》です。全《ぜん》28面のうち、広告《こうこく》面をのぞく25面で、いろいろな分野の記事《きじ》をのせています。一般紙は、さまざまな分野をあつかっていることがわかります。

各面《かくめん》のおもな内容《ないよう》

1面《めん》 分野にこだわらず、その日もっとも大事《だいじ》だと判断《はんだん》されたニュースが、重要《じゅうよう》な順番《じゅんばん》に掲載される。

総合《そうごう》面 1面に入りきらなかった政治、経済、国際関係《こくさいかんけい》の重要なニュースや、関連《かんれん》記事をのせることが多い。ニュースの背《はい》景《けい》、展望《てんぼう》などを取《と》りあげた解説《かいせつ》記事などものせる。

国際《こくさい》面 世界《せかい》の最新《さいしん》ニュースを伝《つた》える。

経済《けいざい》面 経済政策《せいさく》や株式市場《かぶしきしじょう》、企業《きぎょう》の動《うご》きなど、経済にかかわる情報やニュースをのせる。

9～21面 オピニオン（社《しゃ》説《せつ》・意見《いけん》・読者《どくしゃ》の声）、スポーツ、くらし（教育《きょういく》、医《い》学《がく》、ファッションなど）、文化《ぶんか》（文学、美術《びじゅつ》、歴史《れきし》、音楽、映画《えいが》など）、科学など、それぞれの情報に関《かん》する面。

地域《ちいき》面 地域《ちいき》でおきた事件《じけん》や事故《じこ》、役所《やくしょ》からのお知らせなど、生活に密着《みっちゃく》した情報をのせる。

社会面 重大《じゅうだい》な事件や事故、世間《せけん》の話題《わだい》などいろいろなニュースをのせる。

28面 テレビ番組《ばんぐみ》の放送予定表《ほうそうよていひょう》。

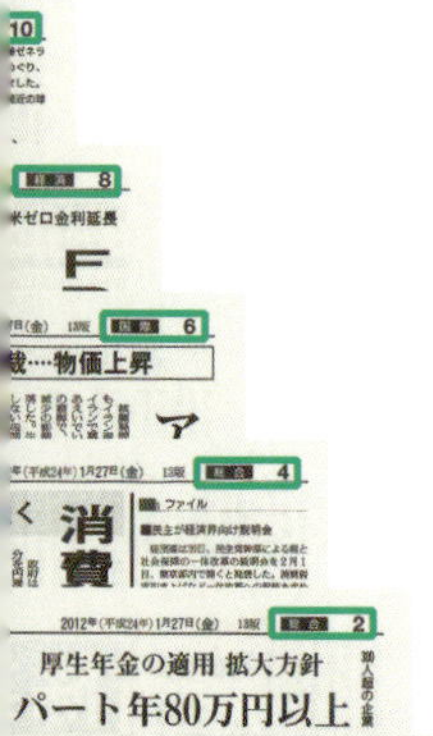
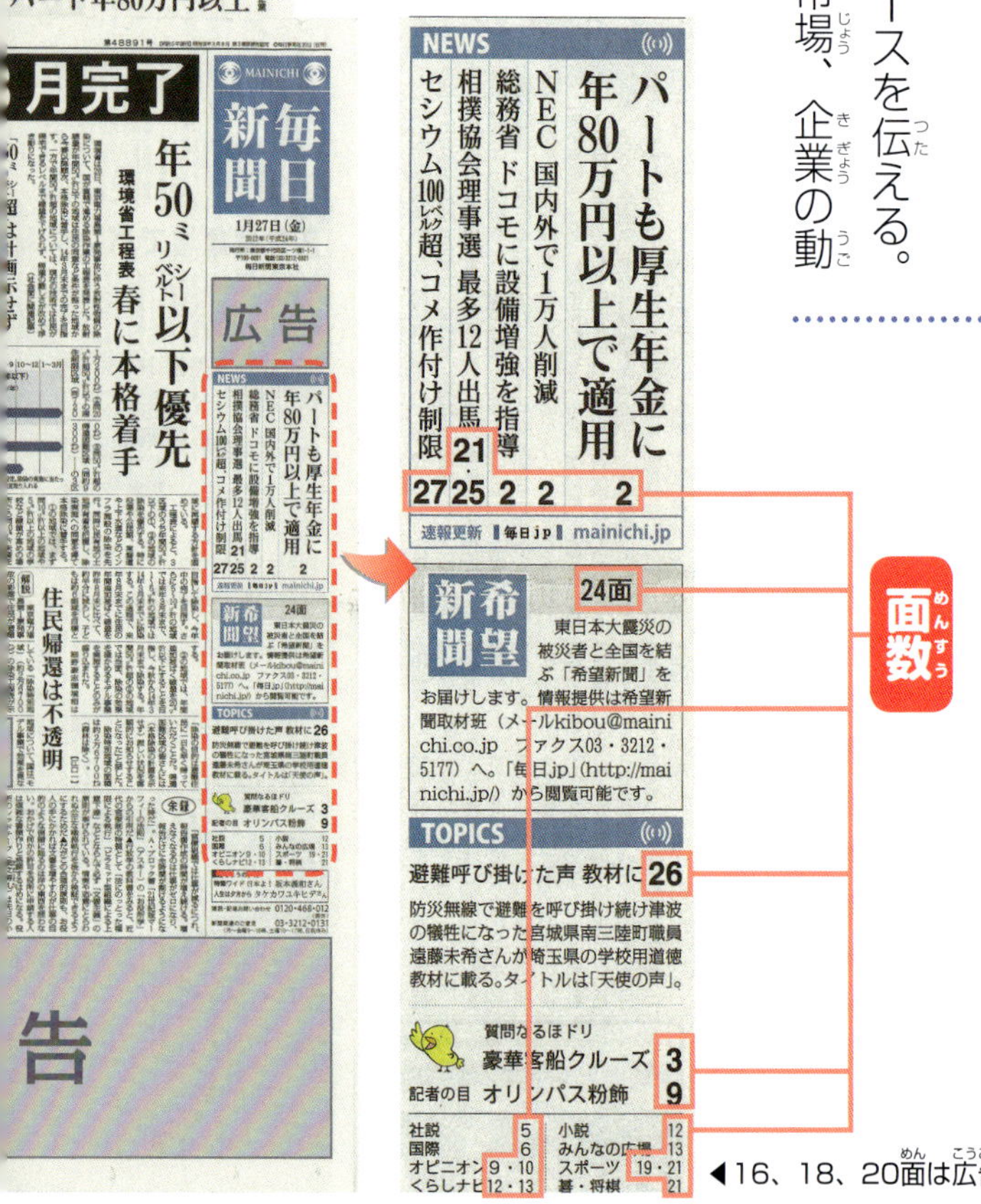

◀16、18、20面《めん》は広告《こうこく》。

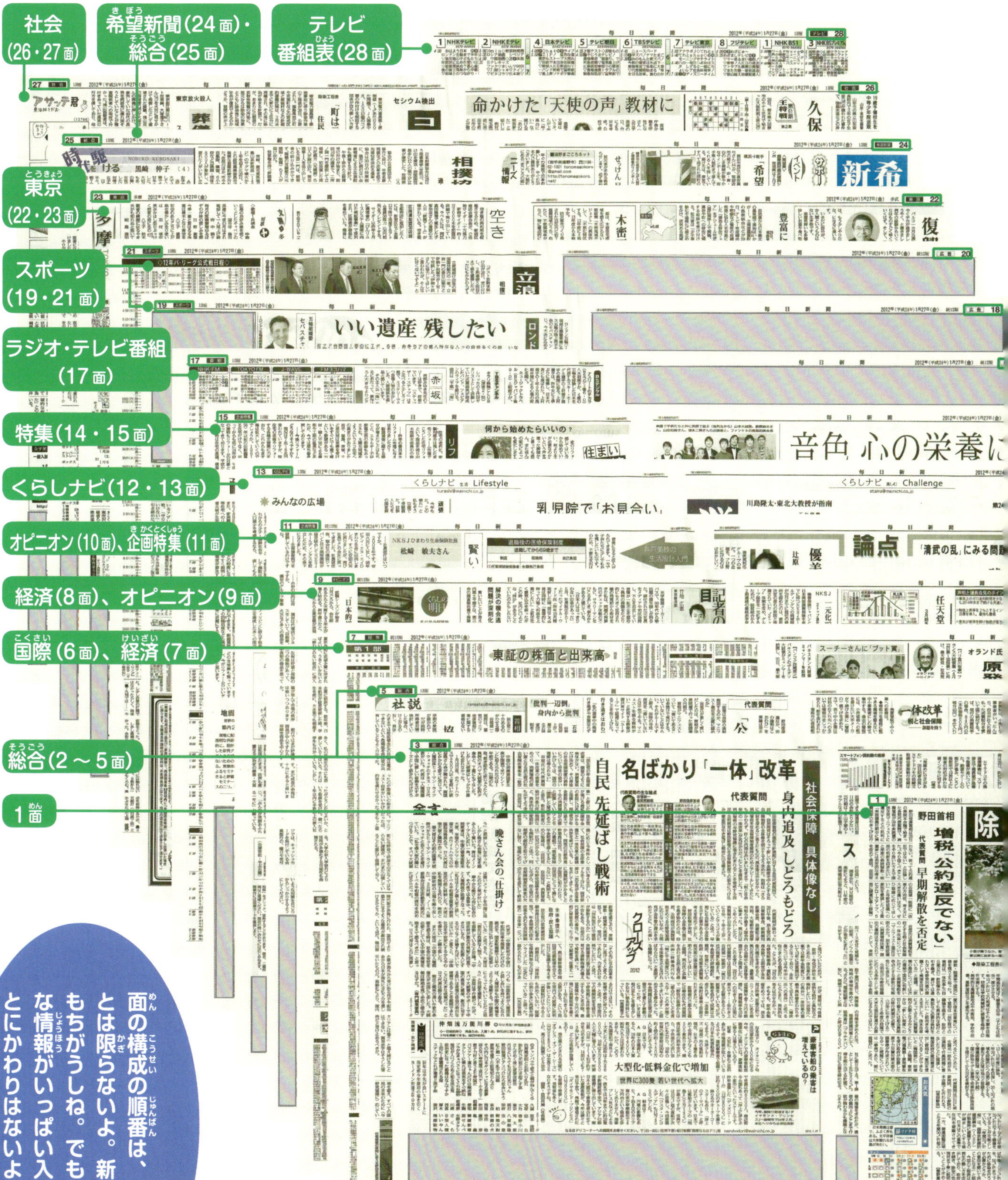
社会
(26・27面)
希望《きぼう》新聞(24面)・
総合《そうごう》(25面)
テレビ
番組表《ひょう》(28面)
東京《とうきょう》
(22・23面)
スポーツ
(19・21面)
ラジオ・テレビ番組
(17面)
特集(14・15面)
くらしナビ(12・13面)
オピニオン(10面)、企画特集《きかくとくしゅう》(11面)
経済(8面)、オピニオン(9面)
国際《こくさい》(6面)、経済《けいざい》(7面)
総合《そうごう》(2～5面)
1面《めん》
名ばかり「一体」改革
広告

面《めん》の構成《こうせい》の順番《じゅんばん》は、いつも同《おな》じとは限《かぎ》らないよ。新聞によってもちがうしね。でも、いろいろな情報《じょうほう》がいっぱい入っていることにかわりはないよ。

紙《し》面《めん》をどう見ればいいの？

見出しの大きさに注目《ちゅうもく》

新聞では、その面《めん》のなかでいちばん重要《じゅうよう》なニュースだと新聞社が考えている記事《きじ》が紙面《しめん》の右上にきます。

記事にはそれぞれ見出しがつけられていて、見出しの大きさによって、どのくらい重要な記事かがひと目でわかるようになっています。もっとも重要な記事はトップ記事とよばれ、だいたい右上に置《お》かれます。

トップ記事の近くに、2番目に重要なセカンド記事が配置《はいち》されます。重要度《じゅうようど》が3番目以降《いこう》の記事は、トップ記事、セカンド記事のつぎに配置されますが、そのときどきの紙面のつくりによって、場所《ばしょ》はことなります。

紙面に掲載《けいさい》されるのは、ニュース記事だけではありません。コラム（⇩26ページ）や連載《れんさい》記事、特集《とくしゅう》記事のほか、広告《こうこく》も入ります。実際《じっさい》の紙面を見てみましょう。

社会面《めん》
くらし面《めん》
トップ記事《きじ》
広告
広告
広告
広告

（記事《きじ》は、毎日新聞2012年2月16日朝刊《ちょうかん》より）

（記事《きじ》は、毎日新聞2012年2月17日朝刊《ちょうかん》より）

新聞を読むときには、右上から読んでいくと大切な記事《きじ》から読むことができるんだね。

豆《まめ》ちしき　1段《だん》の文字数《もじすう》

一般《いっぱん》の新聞では、以前《いぜん》は1段《だん》に13〜14字入っているのが主流《しゅりゅう》でしたが、最近《さいきん》は文字《もじ》がだんだん大きくなり、1段に入っている文字数が少なくなってきています。おもな全国紙《ぜんこくし》でいうと、読売新聞と朝日新聞が12段12字、毎日新聞は15段10字です。

1段に入っている文字数が少ないと、読むほうは、いそがしいときでも速《はや》く読むことができます。その一方で、全体《ぜんたい》の文字数がへっているので、書くほうはますます記《き》事をじょうずにまとめなければ、じゅうぶんな情報《じょうほう》がもりこめないことになります。

では来年3月末まで、
1〜5ﾐﾘｼｰﾍﾞﾙﾄの地域では
14年3月末までに除染
する。この過程で、来
年8月末までに住民の
年間追加被ばく線量を

毎日新聞

か所で指定されている「都
市再生緊急整備地域」の枠
組みを活用する。指定地域
には国や地元自治体、民間
事業者で組織する「都市再
生緊急整備協議会」があり、

読売新聞

トップ記事《きじ》　紙面《しめん》でいちばん重要《じゅうよう》なニュース。

コラム　ニュースではなく、テーマをもとに自由《じゆう》に書く文章《ぶんしょう》。記者《きしゃ》ではなく、専門家《せんもんか》が書くことも多い。

地域面《ちいきめん》

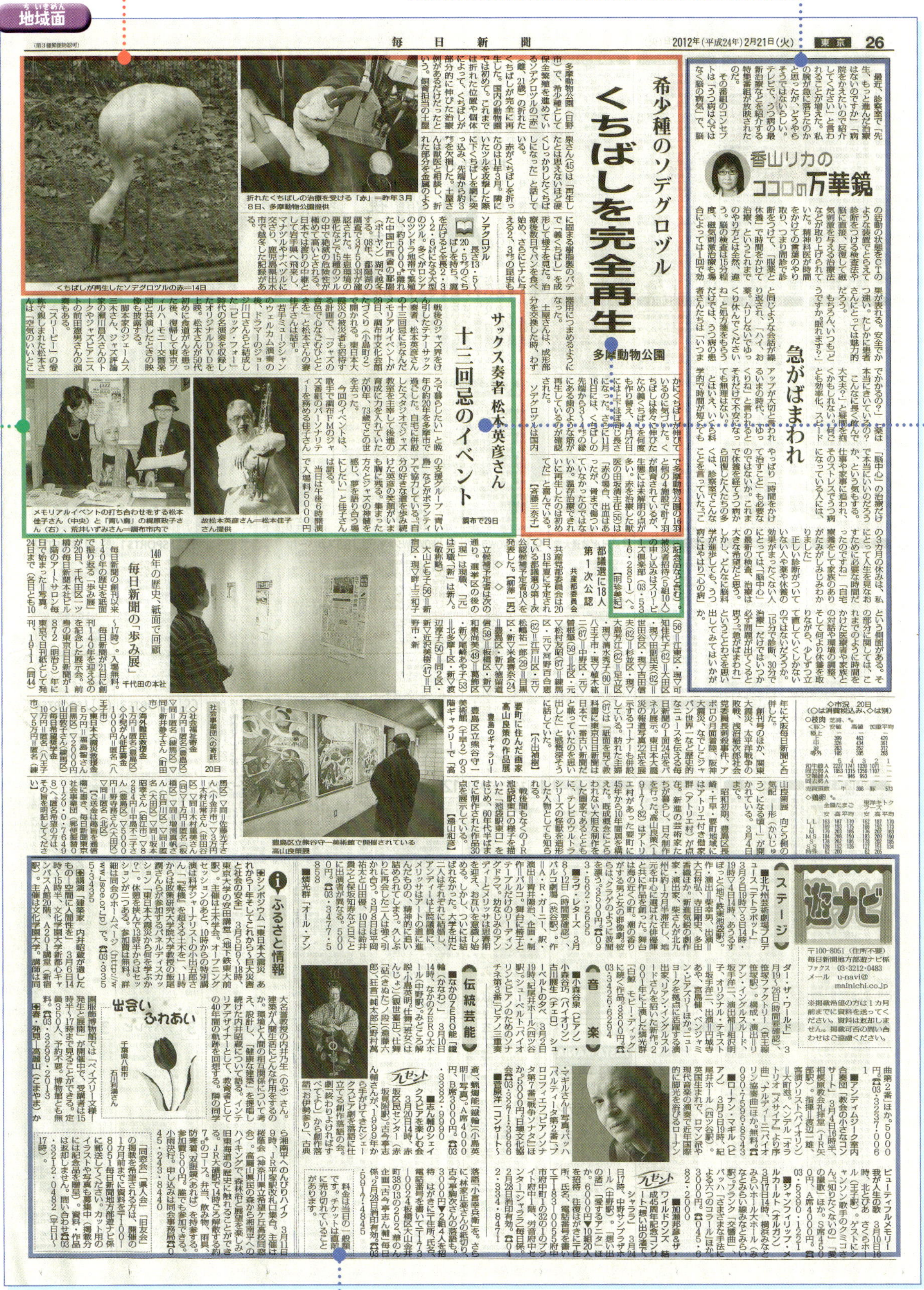

見出し　大きさによって記事《きじ》の重要度《じゅうようど》を知らせる。

セカンド記事《きじ》　紙面《しめん》で2番目に重要《じゅうよう》なニュース。

イベント情報《じょうほう》　演劇《えんげき》や音楽《おんがく》など、さまざまなイベント情報《じょうほう》を知らせる。

（記事《きじ》は、毎日新聞2012年2月21日より）

紙面《しめん》の割《わ》りつけ（レイアウト）のくふう

読者《どくしゃ》の視線《しせん》と記事《きじ》の流《なが》れ

新聞を開《ひら》いたら、まず最初《さいしょ》にどこに目がいきますか？　たいていの人が重要《じゅうよう》な記事《きじ》に自然《しぜん》に目がいくように、新聞には割《わ》りつけのくふうがされています。

割りつけとは読みやすく、人の目を引きつけ、記事の価値《かち》やうったえたいことが強調《きょうちょう》されるように、紙面《しめん》の組み方をくふうすることです。紙面の割りつけには、決《き》まりごとがあります。たて書きの日本語の文章《ぶんしょう》は、上から下へ、右から左へと行をかえて文字《もじ》がならべられています。読者《どくしゃ》の視線《しせん》もこの決まりにそって流《なが》れていくため、紙面の上では、右から左さがりの対角線《たいかくせん》上がいちばん目立ちます。

そのため、下の新聞を見るとわかるように、見出しが対角線上に置《お》かれています。この対角線の外（紙面の左上と右下）は、目立ちにくい場所《ばしょ》です。そこで、紙面の左

割《わ》りつけの決《き》まりごと

右上から左下の対角線《たいかくせん》上に見出しが配置《はいち》され、上から下へ、右から左へ記事《きじ》が読めるようにする。

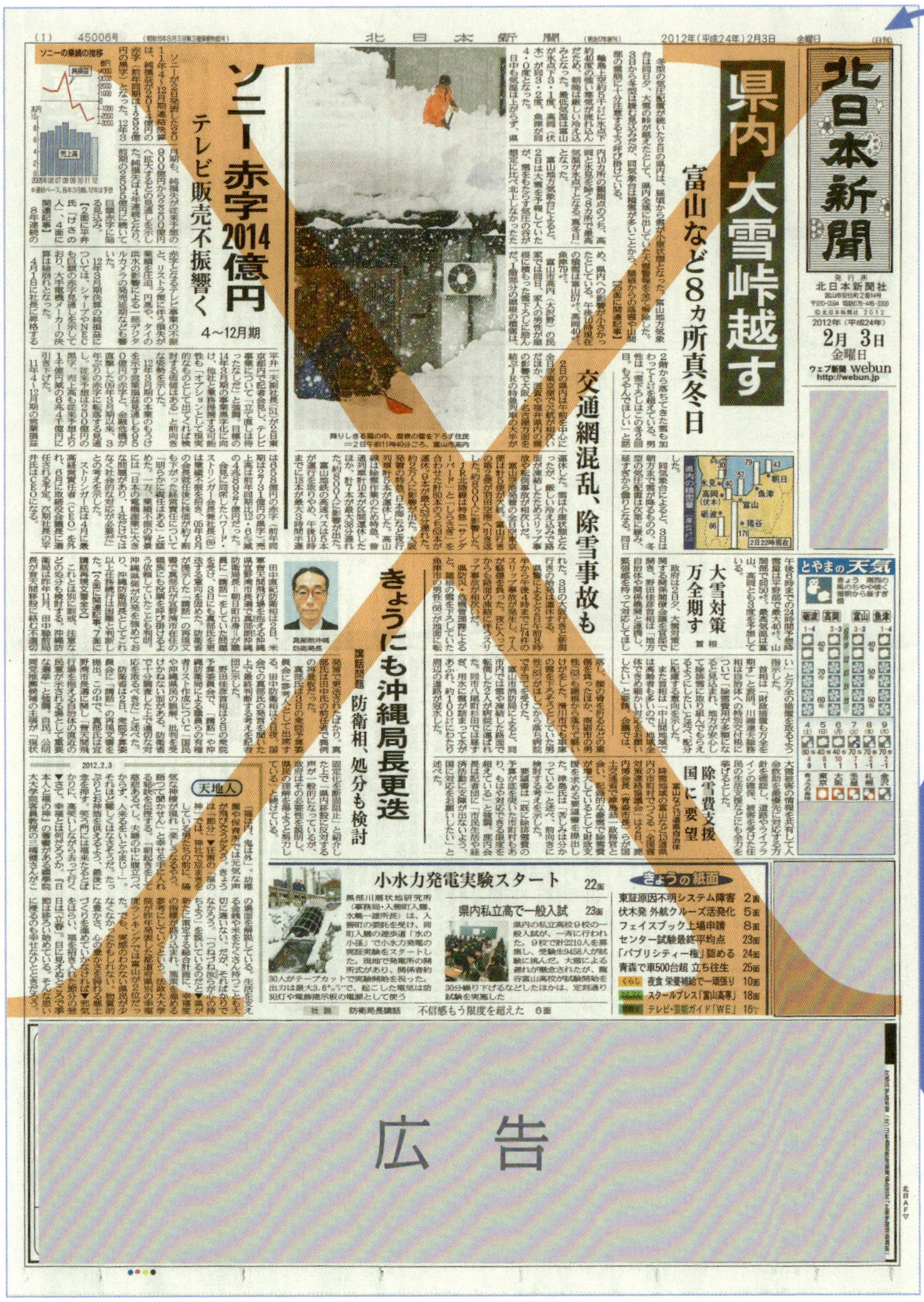
北日本新聞
2012年（平成24年）2月3日　金曜日
県内大雪峠越す
富山など8カ所真冬日
交通網混乱、除雪事故も
ソニー赤字2014億円
テレビ販売不振響く
4～12月期
きょうにも沖縄局長更迭
防衛相、処分も検討
小水力発電実験スタート
広告

▲見出しがほぼ紙面《しめん》の対角線《たいかくせん》上に配置《はいち》されていることがわかる。

新聞を広げて、少し距離《きょり》をはなして全体《ぜんたい》を見てみよう。記事《きじ》が読みやすいように、どんなくふうがされているかな？

上や右下には、「かこみ記事」や「たたみ記事」とよばれる箱型《はこがた》にまとめられた記事や、写真《しゃしん》などが配置《はいち》されます。そうすれば、目立ちにくい場所にも読者の目がいくというわけです。

割《わ》りつけの役割《やくわり》

割《わ》りつけには、つぎの役割《やくわり》があります。

①記事《きじ》を区切《くぎ》って、読みやすくする。
②読者《どくしゃ》がまよわず読めるようにする。
③見出しの大きさや位置《いち》で、アクセントをつけ、記事の重要度《じゅうようど》を知らせる。
④見出しや表《ひょう》・グラフなどで、読者の目を紙面《しめん》に引きつける。

右下の新聞のような割りつけは、流《なが》しぐみといって、記事を右から左へ、上から下へ流して組んでいく方法《ほうほう》です。対角線《たいかくせん》のかたちがアルファベットの「X《エックス》」という字に見えることから「X字型《エックスじがた》」ともいいます。

流しぐみのほか、一つひとつの記事を、けい線で区切られたほぼ同じ大きさの箱型《はこがた》にまとめる方法《ほうほう》もあります（⇩豆《まめ》ちしき）。

たたみ記事《きじ》

かたがわ、もしくは両《りょう》がわをけい線で区切《くぎ》り、ほかの部分《ぶぶん》と区《く》別《べつ》した記事《きじ》。連《れん》載《さい》記事や論《ろん》説《せつ》（考えをのべる文《ぶん》章《しょう》）に利用《りよう》されることが多く、おもに紙面《しめん》の左上や右下に置《お》かれる。

（記事《きじ》は、北日本新聞 2011年12月8日朝刊《ちょうかん》より）

かこみ記事《きじ》

上下左右をかく（けい線）でかこんだ記事《きじ》。紙面《しめん》の角《かど》に配置《はいち》されることが多い。特別《とくべつ》な記事としてあつかわれているように見えるため、関《かん》心《しん》を引く。

（記事《きじ》は、北日本新聞 2012年1月22日朝刊《ちょうかん》より）

豆《まめ》ちしき　区画《くかく》ぐみの紙面《しめん》

X字型《エックスじがた》の割《わ》りつけは、一般《いっぱん》紙《し》の紙面構成《しめんこうせい》の基本《きほん》ですが、タブロイド版《ばん》（通常《つうじょう》の一般紙の半分サイズ）の新聞では、「箱型《はこがた》」を利用《りよう》した紙面が多く見られます。これは「区画《くかく》（ブロック）ぐみ」といわれる手法《しゅほう》で、記事《きじ》に大小をつけず、どれも同じようにあつかう特集《とくしゅう》記事などを組むときにも、よくつかわれます。

▲タブロイド版の毎日小学生新聞の中面《なかめん》にある、区画《くかく》ぐみの紙面《しめん》。箱型《はこがた》にまとまっているので、記事《きじ》が読みやすい。

ニュース記《き》事《じ》の読み方

いちばん最初《さいしょ》がかんじん

新聞には、独特《どくとく》の書き方があります。一《いっ》般《ぱん》の文章《ぶんしょう》は本当に伝《つた》えたい大事《だいじ》なことを最《さい》後《ご》のほうに書くことが多いのですが、新聞記《き》事《じ》では重要《じゅうよう》なことがらを先に書き、そのあとでそこにつけくわえる内容《ないよう》を書いていくため、逆《ぎゃく》三角形型《がた》または逆ピラミッド型とよばれています。

逆三角形型は、記事の最初《さいしょ》で結論《けつろん》が明らかになっているので、読者《どくしゃ》がとちゅうで読むのをやめても重要な部分《ぶぶん》だけは知ることができます。これは、いそがしくてもぱっと見ただけで内容がつかめる、という新聞のくふうのひとつです。

また、紙面《しめん》を組むとき、重要ニュースを追加《ついか》する際《さい》には、記事をうしろからけずっていけばよいわけです。新聞づくりは、しめきり時間との戦《たたか》い（⇩28ページ）ですから、時間短縮《たんしゅく》のためにも必要《ひつよう》なのです。

逆《ぎゃく》三角形型《がた》の構造《こうぞう》

文字《もじ》の量《りょう》ではなく、重要《じゅうよう》な度合《どあ》いを逆《ぎゃく》三角形のかたちであらわしている。

❶見出し

記事《きじ》の要点《ようてん》。内容《ないよう》がひと目でわかるようにする。

❷リード（前文）

ここだけ読めば全体《ぜんたい》がわかるように、記事を要約《ようやく》する。

❸本文

内容をくわしく書きこむ。うしろにいくほど、こまかい内容になる。

❹用語解説《かいせつ》

本文を読む手助《てだす》け。

いい記事《きじ》は、見出しとリードを見ただけで何について書かれた記事なのかがわかるよ。

いちばん大事《だいじ》なこと（書きたいこと、伝《つた》えたいこと）を書く。

2番目に大事なことを書く。

3番目に大事なことを書く。

ニュース記事《きじ》の基本的《きほんてき》な構成《こうせい》

バレエに懸けてます

若手バレエダンサーの登竜門、ローザンヌ国際バレエコンクールで1位となった神奈川県厚木市在住で和光高校（東京都町田市）2年、菅井円加《すがいまどか》さん(17)＝佐々木三夏バレエアカデミー＝が6日帰国した。バレエに懸けているという女子高生の快挙。日本人ダンサーの「新時代」を切り開いてと、関係者は将来に期待する。【清藤天、斉藤希史子、池田知広】

4日、ローザンヌ国際バレエコンクール決勝の古典バレエ部門で演技する菅井円加さん＝ロイター

ローザンヌで快挙 17歳菅井さん

体にも心にも「芯」

帰国した菅井さん＝成田空港で6日午前

「みんなに感謝」

成田空港に到着した菅井さんは、茶色のコートにジーンズというカジュアルないでたち。報道陣のインタビューでは「実感がないけどうれしい」とはにかみ、「応援してくれたみんなにありがとうと言いたい。皆さんを感動させられるダンサーになりたい」と意気込みを語った。帰国して何が食べたいかと問ご飯」と笑顔を見せた。

「明るい努力家」

3歳の時、三つ離れた姉のバレエ発表会を見に行ったのがバレエを始めたきっかけ。バレエ漬けの毎日でiPodに入れている曲も「クラシックばかり。J－POPも入っているけど聞かない」。

◇

和光高では6日朝、職員室で受賞を報告、全教員から拍手が起こった。

菅井さんは、昨年と一昨年の学園祭でダンスグループ「さといもダンサーズ」の中心メンバーとして、クラシックからモダンダンスまで取り入れた踊りを披露し、大喝采を浴びた。裏方の仕事にも一生懸命。松山副校長は「明るい努力家。『まれて生徒たちに親しまれています」と話す。

昨年の学園祭の「息をのむ演技」に驚いたという松山副校長。「進路はどうするの」と声をかけた時、菅井さんは迷いなく言い切ったという。

「3歳からやってますので、バレエに懸けています」

向上する表現力

専門家は菅井さんをどう見ているのか。

菅井さんは昨年、NBA全国バレエコンクールに出場、高校生女子の部で入賞した。審レエ団教師の久保幸子さんは「体の芯がしっかりしていて、自分の脚で立っていた」と振り返る。小さくまとまりがちなダンサーが多い中、空間を大きく使うことができ、存在感が際立っていたという。ローザンヌでの踊りをテレビで見た印象は「萎縮せずに実力を発揮できていた。心の軸もしっかりしているのでしょう」。

久保さんによると、今回はコンテンポラリー（現代舞踊）で評価された点が画期的という。「技術は強いが表きた日本のバレエも、新時代に入ったのかもしれない。「海外の出場者は大半が国立バレエ学校の生徒。小さな個人スタジオというハンディを覆して成果を上げた本人と周囲の頑張りを誇りに思う」と、久保さんは話す。

89年大会で最優秀者に与えられる金賞（現在は廃止）を受賞した熊川哲也さんは、ローザンヌ・コンクールを「若きダンサーたちが夢から覚め、現実を直視する初めての試練の場」と位置づける。過去にも多くの日本人ダンサーが、身体的なコンプレックスや「奥ゆかしさ」を、この舞台で克服し、世界への扉を開いた。「今回の受賞は、一つの通過点であることを心に留め、真にプロフェッショナルなダンサーとして世界に羽ばたくことを願っています」

ローザンヌ国際バレエコンクール スイスのローザンヌで毎年開かれる15～18歳のバレエダンサーを対象としたコンクール。1973年から開催されており、若手の登竜門として知られる。古典舞踊と現代舞踊の2部門で踊りを競う。上位入賞者には、名門バレエ学校への留学資格などが与えられ、生活支援金として1万6000スイスフラン(約134万円)が支給される。今年は19カ国から79人が参加。過去に吉田都さん、熊川哲也さん、上野水香さんらを輩出している。

（記事《きじ》は、毎日新聞2012年2月6日夕刊《ゆうかん》より）

リード（前文）

記事《きじ》の内容《ないよう》をみじかく要約《ようやく》した文章《ぶんしょう》。大きなニュースの場合は、つづく本文も長くなり読むのに時間がかかるので、リードを入れて、ここだけ読めば、おおよそがわかるように書かれている。

写真《しゃしん》

写真《しゃしん》で、その場のようすや伝《つた》えたいことを紹介《しょうかい》する。写真には、説《せつ》明《めい》（キャプション）がつけられる。

用語解説《かいせつ》

本文では伝《つた》えきれないことばやむずかしいことば、おぼえておいたほうがいいことばなどを解説《かいせつ》。内容《ないよう》の理《り》解《かい》を助《たす》ける。

見出し

記事《きじ》の内容《ないよう》がひと目でわかるみじかい文やことば。読者が最初《さいしょ》に見るので、注目《ちゅうもく》されるように表現《ひょうげん》やデザイン、字の大きさがくふうされている。

本文

ここを読むと、ニュースのくわしい内容《ないよう》を知ることができる。

ニュース記事《きじ》の要点《ようてん》をつかむ

5W《ダブリュー》1H《エイチ》を意識《いしき》する

ニュース記事《きじ》を読むときに大事《だいじ》なのは、文章《ぶんしょう》のなかに5W《ダブリュー》1H《エイチ》の要素《ようそ》を見つけることです。

「だれが（WHO《フー》）、いつ（WHEN《ホエン》）、どこで（WHERE《ホエア》）、何を（WHAT《ホワット》）、なぜ（WHY《ホワイ》）、どのように（HOW《ハウ》）した」を頭のなかで整理《せいり》しながら、要点《ようてん》をつかんでいきます。

5W1Hのどれに重点《じゅうてん》がおかれているかを考えることも大切です。たとえば、交通事故《じこ》の記事《きじ》では、事故がおきた場所《ばしょ》が重要《じゅうよう》であれば「どこで」、事故をおこした人物《じんぶつ》や会社が重要であれば「だれが」、事故の原因《げんいん》が重要であれば「なぜ」が、重要な情報《じょうほう》として書かれているはずです。

具体的《ぐたいてき》に記事の例《れい》を見てみましょう。どの記事も、基本《きほん》となる5W1Hの情報は、ほぼ文頭《ぶんとう》に集中《しゅうちゅう》しているのがわかります。

記事《きじ》の例《れい》

ニュース交差点《こうさてん》

イチロー選手《せんしゅ》がチビっ子激励《げきれい》

大《だい》リーグ、シアトル・マリナーズのイチロー選手《せんしゅ》（38）が23日《にち》、出身地《しゅっしんち》の愛知県豊山町《あいちけんとよやまちょう》で開《ひら》かれた第《だい》16回イチロー杯争奪学童軟式野《はいそうだつがくどうなんしきや》球大会《きゅうたいかい》の表彰式《ひょうしょうしき》に出席《しゅっせき》しました＝写真《しゃしん》。

イチロー選手《せんしゅ》は「野球《やきゅう》はチームプレーが大切《たいせつ》ですが、打席《だせき》や守備《しゅび》では1人《ひとり》が責任《せきにん》をもつ厳《きび》しい現実《げんじつ》があります。社会人《しゃかいじん》になった時《とき》、素晴《すば》らしい結果《けっか》を残《のこ》した君《きみ》たちは、この経験《けいけん》が必《かなら》ず役立《やくだ》ちます」と話《はな》しました。

山内大輔君《やまうちだいすけくん》（12）＝江南市立布袋《こうなんしりつほてい》小6年《しょうねん》＝は「握手《あくしゅ》してもらった時《とき》、手《て》が大《おお》きいねと話《はな》しかけられた」と声《こえ》をはずませました。

話題《わだい》

実際《じっさい》の記事《きじ》を5W《ダブリュー》1H《エイチ》の表《ひょう》に整理《せいり》してみよう。ふつう、5W1Hのうち4つか5つは本文にふくまれているはずだよ。

	だれが WHO《フー》	いつ WHEN《ホエン》	どこで WHERE《ホエア》	何を WHAT《ホワット》	なぜ WHY《ホワイ》	どのように HOW《ハウ》
見出し	イチロー選手《せんしゅ》			チビッ子激励《げきれい》		
本文	シアトル・マリナーズのイチロー選手	23日	出身地《しゅっしんち》の愛知県豊山《あいちけんとよやま》町《ちょう》で開《ひら》かれた第《だい》16回《かい》イチロー杯争奪学童《はいそうだつがくどう》軟式野球大会《なんしきやきゅうたいかい》	出席《しゅっせき》した		

（記事《きじ》は、毎日小学生新聞 2011年12月26日より）

実際《じっさい》にやってみよう

つくばで太陽光発電所建設《たいようこうはつでんしょけんせつ》

太陽光《たいようこう》や風力《ふうりょく》などで作《つく》った電《でん》力《りょく》の買《か》い取《と》りを電力会社《でんりょくがいしゃ》に義務《ぎむ》付《づ》けた再生可能《さいせいかのう》エネルギー固定《こてい》価格買《かかくか》い取《と》り法《ほう》の適用《てきよう》1号《ごう》を目《め》指《ざ》し、茨城県《いばらきけん》つくば市《し》に太陽光《たいようこう》発電所《はつでんしょ》「つくばメガソーラー発《はつ》電所《でんしょ》」(出力《しゅつりょく》1500キロワット)が建《けん》設《せつ》されることになりました。兵《ひょう》庫県姫路市《ごけんひめじし》の建設会社《けんせつがいしゃ》が20日《はつか》、発表《はっぴょう》しました。

約《やく》2万平方《まんへいほう》メートルに太陽電池《たいようでんち》パネル6250枚《まい》を設置《せっち》。再《さい》エネ法《ほう》が施行《しこう》される来年《らいねん》7月1日《がつついたち》から東京電力《とうきょうでんりょく》に売《う》る予定《よてい》です。

エネルギー

だれが WHO《フー》	いつ WHEN《ホエン》	どこで WHERE《ホエア》	何を WHAT《ホワット》	なぜ WHY《ホワイ》	どのように HOW《ハウ》	
						見出し
						本文

(記事《きじ》は、毎日小学生新聞 2011年12月22日より)

全国《ぜんこく》で給食丸《きゅうしょくまる》ごと検査《けんさ》

文部科学省《もんぶかがくしょう》(国《くに》の役所《やくしょ》)は来《らい》年《ねん》4月《がつ》から、学校給食《がっこうきゅうしょく》の食材《しょくざい》に含《ふく》まれる放射性物質《ほうしゃせいぶっしつ》を調《しら》べるため、調理済《ちょうりず》みの1食分《しょくぶん》を丸《まる》ごとミキサーにかける検査《けんさ》を全国《ぜんこく》で始《はじ》めます。

来年度《らいねんど》の予算案《よさんあん》に必要《ひつよう》なお金《かね》3億《おく》2600万円《まんえん》を盛《も》り込《こ》みました。福島県内《ふくしまけんない》は市町村《しちょうそん》ごとに毎日各《まいにちかく》1か所《しょ》、その他《た》の46都道《とどう》府県《ふけん》は1週間《しゅうかん》ごとに各《かく》2か所《しょ》ずつ検査《けんさ》します。文科省《もんかしょう》は、1キロ当《あ》たりの放射性物質《ほうしゃせいぶっしつ》の目安《めやす》を「40ベクレル以下《いか》」としています。

震災《しんさい》

だれが WHO《フー》	いつ WHEN《ホエン》	どこで WHERE《ホエア》	何を WHAT《ホワット》	なぜ WHY《ホワイ》	どのように HOW《ハウ》	
						見出し
						本文

(記事《きじ》は、毎日小学生新聞 2011年12月26日より)

豆《まめ》ちしき 5W《ダブリュー》1H《エイチ》のはじまり

5W《ダブリュー》1H《エイチ》のはじまりは、児童《じどう》文学に入っていた詩《し》からだといわれます。書いたのは、イギリスの児童文学者《ぶんがくしゃ》で『ジャングル・ブック』の作者《さくしゃ》として知られるキップリング。かれが、1902年に発表《はっぴょう》した『なぜなぜ物《もの》語《がたり》』シリーズのなかに、つぎのような詩があります。

知りたいことをなんでも教えてくれるおてつだいさんが6人いる。その人たちの名前は、「何を?」さん、「なぜ?」さん、「いつ?」さん、「どのように?」さん、「どこで?」さん、そして「だれ?」さん。

子どもの知りたい気《き》もちをあらわすおてつだいさんたちは、まさに、ニュースを正確《せいかく》に伝《つた》えるための基本《きほん》といわれている5W1Hだというわけです。

★答えの例《れい》

「つくばで太陽光発電所建設」

	見出し	本文
だれが WHO		兵庫県姫路市の建設会社が
いつ WHEN		
どこで WHERE	つくばで	茨城県つくば市に
何を WHAT	太陽光発電所建設	太陽光発電所「つくばメガソーラー発電所」を建設する
なぜ WHY		再生可能エネルギー固定価格買い取り法の適用1号を目指し
どのように HOW		約2万平方メートルに太陽電池パネル6250枚を設置

「全国で給食丸ごと検査」

	見出し	本文
だれが WHO		文部科学省
いつ WHEN		来年4月から
どこで WHERE	全国で	全国で
何を WHAT	給食検査	調理済みの1食分の検査を始める
なぜ WHY		学校給食の食材に含まれる放射性物質を調べるため
どのように HOW	丸ごと	丸ごとミキサーにかける

「事実《じじつ》」と「意見《いけん》」を読みわける

ニュースとコラム

これまで見てきたように、ニュース記事《きじ》は客観的《きゃっかんてき》な立場から「事実《じじつ》」を伝《つた》えるものです。新聞のほとんどは、こうしたニュース記事でしめられています。

一方、特定《とくてい》のできごとについてどう考えているかなど、事実だけでなく、記者《きしゃ》（書き手）の考え方や意見《いけん》、感想《かんそう》もまじえて書かれる記事があります。

新聞の記事をよく読んでいくと、大きくこのふたつにわけられることに気づきます。左ページで紹介《しょうかい》している「コラム」と「社説《しゃせつ》」は、おもに個人《こじん》の「感想」や「意見」をのべているものです。

コラムは、世《よ》のなかのできごとや話題《わだい》をもとに、書き手の感想や意見をふくみます。特《とく》に1面《めん》に毎日連載《れんさい》されるコラムは、各紙《かくし》の「顔」ともいわれています。

社説には、新聞社の主張《しゅちょう》がはっきりと書かれています。その意見を受《う》けとめて、自分の意見とのちがいやその理由《りゆう》を考えることで、ものの見方を広げるトレーニングにもなります。

記事《きじ》のなかの「事実《じじつ》」と「意見《いけん》」

連載《れんさい》記事《きじ》や特集《とくしゅう》記事のなかには、「事実《じじつ》」と「意見《いけん》」の両方《りょうほう》がふくまれているものもあります。そういった記事を読むときには、まず、事実と意見を読みわけることが必要《ひつよう》です。

何が事実で、何が記者の意見かが読みとれたら、自分はそれに対《たい》してどう思うのか、自分なりの意見を考えます。記者の意見に賛《さん》成《せい》ではなくても、そういった考えもあると受《う》けとることも大切です。

記事《きじ》を読んで、どこまでが事実《じじつ》で、どこからが意見《いけん》なのかを、マーカーを引きながらチェックしていくと、自分なりの見方が身《み》についていくよ。左のサッカーの記事には、事実と記者《きしゃ》の感想《かんそう》がまざっているよ。

豆《まめ》ちしき　ニュースとビューズ

新聞の機能《きのう》は、「新しい情報《じょうほう》を知らせる」ということにあります。この「新しい情報」には、ニュースだけでなく、ビューズ（views）もふくまれます。

ニュースは、「社会におこる事件《じけん》・事故《じこ》の報道《ほうどう》、新しいできごとの事実《じじつ》など」です。一方、ビューズは「物《もの》の見方や考え方」を意味《いみ》することばです。

新聞には、ニュース（事実）かビューズ（意見《いけん》）のどちらか、または両方《りょうほう》が書かれていなければならないといわれています。新聞を読むときには、ふたつのちがいを読みわけることが大事《だいじ》です。

一般紙《いっぱんし》のいろいろな記事《きじ》

●コラム

文章力《ぶんしょうりょく》にすぐれたベテランの論説委員《ろんせついいん》や外部《がいぶ》の専門家《せんもんか》などが、ニュースや話題《わだい》などから感《かん》じたことを書く。全国紙《ぜんこくし》の1面《めん》に連載《れんさい》されている朝日新聞「天声人語《てんせいじんご》」、毎日新聞「余録《よろく》」、読売新聞「編集手帳《へんしゅうてちょう》」などがよく知られている。

●社説《しゃせつ》

その新聞社が特定《とくてい》のできごとについてどう考えているかなどをはっきりと書く。

●連載記事《れんさいきじ》や特集記事《とくしゅうきじ》

特定《とくてい》のニュースやできごとをいろいろな方面《ほうめん》から取《と》りあげる。同じ記事《きじ》のなかに事実《じじつ》と、意見《いけん》や感想《かんそう》の両方《りょうほう》がふくまれるので、注意深《ちゅういぶか》く読む必要《ひつよう》がある。

各紙1面《かくしめん》の名物《めいぶつ》コラムでは、字数が限《かぎ》られているため、改行《かいぎょう》せずに、▲、▼、◆マークで代用《だいよう》している。

天声人語

編集手帳

余録

世界で初めて商用の海底油田が掘削されたのは1891年のことだという。海中に桟橋を作り、機械掘りに成功したのだが、さて場所は米国か、中東か。いや実は新潟県出雲崎町の尼瀬海岸の油田という。なんと日本は海底油田先進国だった▲「草生水」と書いて「くそうず」というのが、昔の石油の呼び名という。「臭水」とも書くから、まあこちらが語源か。日本書紀で越の国から天智天皇に献上された「燃える土、燃える水」が石油についての最初の記述だ▲今では化石燃料は輸入という日本だが、ここに来て海底から「燃える水」ならぬ「燃える氷」を掘り出す試みが注目されている。メタンガスと水が結びついて氷のように結晶化した天然ガス資源「メタンハイドレート」、その産出にむけた世界初の海底掘削のことだ▲この掘削作業、地球深部探査船「ちきゅう」によって愛知県渥美半島沖約70キロで、きのうから始まった。水深約1000㍍の海底からメタンハイドレートのある層まで深さ約260㍍の井戸を4本掘る計画で、来年1月にメタンガスを海上に取り出す試験が行われる▲日本には20年近いメタンハイドレート開発研究の実績があり、世界の先頭を走ってきたという。また愛知県沖には国内の天然ガス使用量の14年分、日本近海では同100年分近い埋蔵量があるともいわれる。何か一躍資源大国になったような気の大きくなる話である▲2018年には実現したいという商業化だが、なおハードルも多かろう。ただこのところやや縮こまりがちな日本人の「気」である。それをふくらませる前のめりのチャレンジは大切にしたい。

2012・2・16

(記事《きじ》は、毎日新聞 2012年2月16日朝刊《ちょうかん》より)

5 総合 13版 2012年（平成24年）2月16日（木）

社説 ronsetsu@mainichi.co.jp

「維新」公約案

既成政党への挑戦状

習副主席訪米

新世代外交が幕開けた

2012.2.16

▲社説《しゃせつ》には、最近注目《さいきんちゅうもく》されているニュースから毎日1、2テーマずつを取《と》りあげ、その背景《はいけい》を解説《かいせつ》しつつ解説者（新聞社）の考えが書かれる。

毎小運動部《まいしょううんどうぶ》 793

スポーツニッポン新聞社 中出健太郎

バルセロナ クラブ世界一《せかいいち》

最強《さいきょう》チーム サントス圧倒《あっとう》

ボールキープ率71％！ 華麗なプレーは世界を魅了しました

ニュースのことば

クラブW杯の歴史

▶小学生新聞で、記名《きめい》入りで書かれている連載《れんさい》記事。事実《じじつ》にくわえて、記者《きしゃ》の気もちが伝《つた》わってくる。

(記事《きじ》は、毎日小学生新聞 2011年12月22日より)

新聞ができるまで

新聞社の1日をおいかける

新聞は、読者《どくしゃ》のもとへ、より速《はや》く、正確《せいかく》な情報《じょうほう》をとどけるために、限《かぎ》られた時間のなかでつくりあげます。

ここでは、毎日新聞（全国紙《ぜんこくし》）の社内のようすをおって、どのように新聞がつくられていくのかを見ていきましょう。夕刊《ゆうかん》も発行《はっこう》している場合は、左下の図のように朝刊と夕刊の編集《へんしゅう》を交互《こうご》にくりかえし、24時間体制《たいせい》でつくっています。

●24時間（1日中）

❶取材《しゅざい》

- 新聞社にはたくさんの記者《きしゃ》がいて、受《う》けもつ分野によって、政治《せいじ》、社会、文化《ぶんか》、スポーツなどの部《ぶ》にわかれている。情報をもとにして、取材記者（⇩32ページ）が事件《じけん》や事故《じこ》の現場《げんば》に行き、自分の目で見て、その場にいるたくさんの人に話を聞いて取材する。記事《きじ》のテーマによっては、事前《じぜん》に電話などで取材のお願《ねが》いをする。写真《しゃしん》をとりたいときは、先に伝《つた》えておく。
- 記事を書く。事実《じじつ》を正確《せいかく》にわかりやすく書くのが基本《きほん》だが、同じできごとでも、記者の受《う》けとめ方《かた》によって、どんなところを強調《きょうちょう》するかがちがってくる。
- 原稿《げんこう》のしめきり時間にまにあうように、記者専用《せんよう》のノート型《がた》パソコンをつかって記事を書き、本社に送信《そうしん》する。

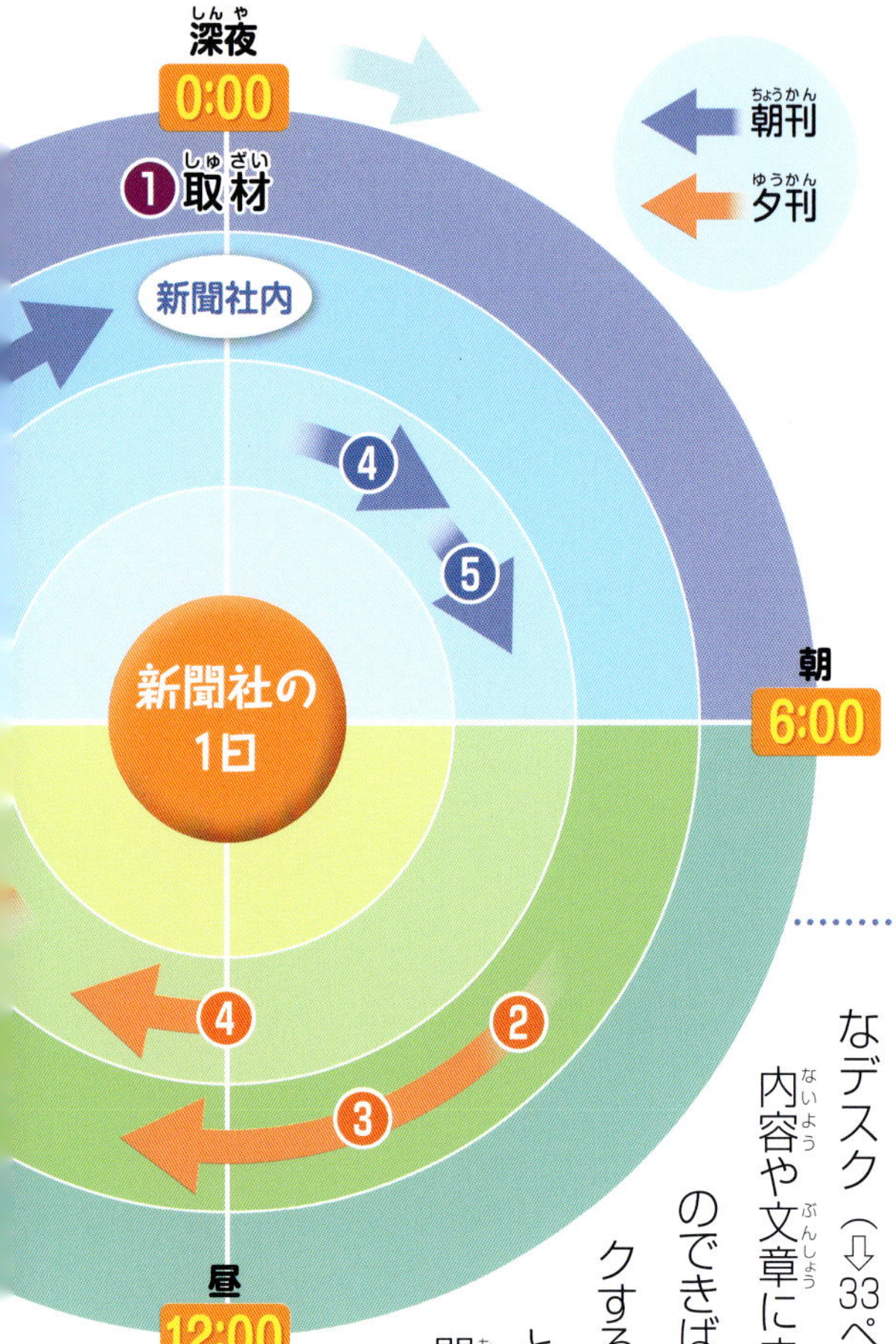

▼マラソンの取材《しゅざい》でランナーを撮影《さつえい》する写真記者《しゃしんきしゃ》（⇒32ページ）たち。

●15時ごろ〜（夕刊《ゆうかん》は9時ごろ〜）

❷編集《へんしゅう》

- 記者が書いた原稿が集《あつ》められ、経験豊《けいけんゆた》かなデスク（⇩33ページ）とよばれる人が、写真内容《ないよう》や文章《ぶんしょう》にまちがいがないか、写真のできばえはどうかなどをチェックする。内容によっては、もっと大きく取《と》りあげるべき問題《もんだい》なので内容を充実《じゅうじつ》させたり、逆《ぎゃく》に小さな記事にしたりするなど、ニュースの価《か》値《ち》を判断《はんだん》する。

・どの記事をどのページにのせるかを決《き》める編集会議《へんしゅうかいぎ》をおこなう。部門《ぶもん》ごとのデスクと整理《せいり》記者（⇩33ページ）が集《あつ》まり、計《けい》画《かく》を立てる。どのニュースをトップ記事としてあつかうかの価値判断もする。朝刊づくりの会議は15時、17時半、22時すぎと、基本的《きほんてき》に3回おこなう。

③制作《せいさく》

・編集会議で決められた内容にもとづいて、整理記者が担当《たんとう》する面《めん》に割《わ》りふられた記事を紙面《しめん》に割りつけていく。1面《めん》につきひとりの整理記者が担当する。

・校閲《こうえつ》記者（⇩33ページ）とよばれる人が、新聞にまちがいがのらないように、もういちど記事や見出しをチェックする。人が不快《ふかい》に思うような表現《ひょうげん》やことばをつかわないようにも気をつける。

▲集中《しゅうちゅう》して記事《きじ》をチェックする校《こう》閲記者《えつきしゃ》。

●2時ごろ（夕刊は12時ごろ）

④降版《こうはん》・印刷《いんさつ》

・コンピュータで割りつけされた紙面データを、印刷工程《いんさつこうてい》にまわす（降版《こうはん》）。工場では、送《おく》られてきたデータをもとに、輪《りん》転機《てんき》という、いちどにたくさんの新聞を印刷できる機械《きかい》をつかって刷《す》りあげる。

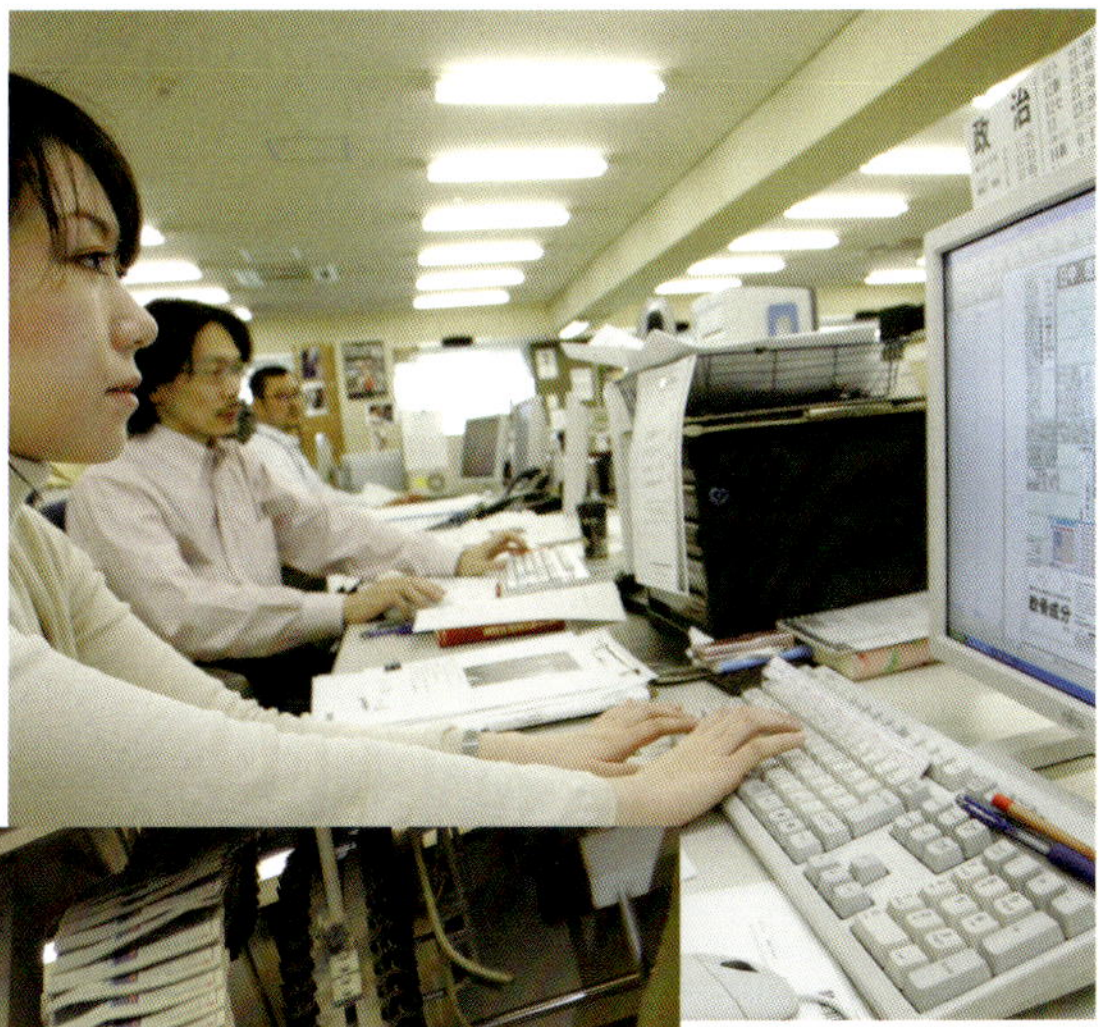
▶パソコンの画面《がめん》を見ながら紙面《しめん》を割《わ》りつける整理記者《せいりきしゃ》。

▼巨大《きょだい》な輪転機《りんてんき》。印刷速度《いんさつそくど》が高速化《こうそくか》し、今では1時間に13～14万部《まんぶ》の印刷が可能《かのう》。

●4時ごろ（夕刊は16時ごろ）

⑤発送《はっそう》

刷りあがった新聞は梱包《こんぽう》され、トラックにつみこまれて各販売所《かくはんばいしょ》に運《はこ》ばれる。

図のように、新聞社は昼夜にかかわらず動いているよ。

夕方
18:00
2

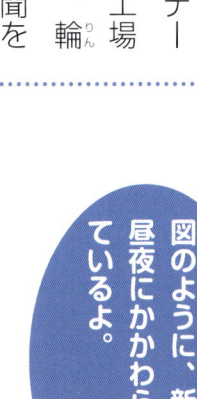

最新《さいしん》のニュースをとどけるくふう

「13版《はん》」「14版《はん》」のちがい

15ページで見たように、全国紙《ぜんこくし》の朝刊《ちょうかん》の左上には、「13版《はん》」、「14版」などの数字が書かれています。これは、新聞のしめきり時間のちがいをしめしています。

新聞は、発送《はっそう》する地域《ちいき》が印刷所《いんさつじょ》からどれだけはなれているかによって、配達《はいたつ》にかかる時間がかわります。東京にある本社で印刷した場合、23区《く》内と北関東《きたかんとう》とでは、北関東のほうが配達に時間がかかります。そのため、北関東には早めに印刷してトラックで積《つ》みださないとなりません。

たとえば毎日新聞東京本社では、朝刊は、しめきりの早い順《じゅん》に5種類《しゅるい》の新聞を、夕刊《ゆうかん》はしめきりが比較的《ひかくてき》早い新聞と遅《おそ》い新聞の2種類をつくります。

ただし、地方紙は、その地方に印刷工場があるので、いくつも版をつくる必要《ひつよう》はありません。

速報性《そくほうせい》を重視《じゅうし》する

ニュースをあつかう新聞にとって、最新《さいしん》の情報《じょうほう》を伝《つた》えることは、とても重要《じゅうよう》なことです。そこで、遠い地域向《ちいきむ》けの版《はん》を印刷《いんさつ》にまわしたあとでも、そのあとに新しい情報が入ったら紙面《しめん》を編集《へんしゅう》しなおして新しい版をつくり、印刷して近い地域にとどけるというくふうをしています。

たとえば、選挙《せんきょ》の結果《けっか》や、サッカーのFIFA《フィファ》ワールドカップ、オリンピックのように時差《じさ》のある海外での試合《しあい》結果などは、印刷のしめきり時間によって、早い版ではのせられなくても、遅《おそ》い版ではのせられることがあります。

▼輪転機《りんてんき》をつかって新聞を印刷《いんさつ》する印刷部員《ぶいん》たち。工場見学の人たちがおとずれていても、仕事《しごと》に集中《しゅうちゅう》している。

13版《はん》
ギリシャ、財政再建合意
ユーロ圏、支援協議へ
復興工事入札を緩和
人件費高騰を反映
国の統治機構変える

新聞社では、なるべくしめきり時間ギリギリまでまって、最新《さいしん》の情《じょう》報《ほう》を入れるようにしているんだよ。

14版《はん》
東電経営 国が実質支配
重要決定に拒否権
議決権3分の1超で調整
ギリシャ 再建策合意
欧州、追加支援協議へ
国の統治機構変える

同じ日の全国紙の朝刊《ちょうかん》の1面《めん》。茨城県《いばらきけん》に住《す》んでいる人に配達《はいたつ》された新聞（左／13版《はん》）と、東京都内《とうきょうとない》に住んでいる人に配達された新聞（右／14版）とでは、紙面《しめん》がちがっているのがわかる。数字が大きい版のほうがしめきり時間がおそいため、大きなニュースが入ると紙面の構成《こうせい》がかわる。

豆《まめ》ちしき 電子《でんし》新聞と紙の新聞

紙の新聞は、速報性《そくほうせい》ではインターネットにかないません。10ページでも紹介《しょうかい》したように、これまで新聞各社《かくしゃ》は、インターネット上で無料《むりょう》のニュースサイトを開設《かいせつ》し、速報性をおぎなっていました。

最近《さいきん》では、インターネットと紙の新聞の両方《りょうほう》のよさをいかした新聞として、電子《でんし》新聞も登場《とうじょう》しています。

電子新聞は、印刷《いんさつ》された新聞を電子化《でんしか》して有料《ゆうりょう》で配信《はいしん》するというものです。紙の新聞では、印刷所《いんさつじょ》と発送《はっそう》する地域《ちいき》がはなれていれば配達《はいたつ》に時間がかかってしまいますが、インターネットなら全国《ぜんこく》どこにでも同じ時間にとどけることができます。しかも新しいニュースがあれば、すぐに追加《ついか》ができて、すぐに配信することができます。

紙の新聞のイメージを大きくかえる電子新聞ですが、2012年現在《げんざい》、電子化をおこなっているのは、まだ一部の新聞社です。今後どのように広まっていくのか、注目《ちゅうもく》されています。

▼けいたい電話などで見ることもできる。

新聞をささえる人たち

みじかい時間で真剣勝負《しんけんしょうぶ》

新聞社では、多くの人がさまざまな役割《やくわり》をもってはたらいています。外に出て取材《しゅざい》する人もいれば、社内で紙面《しめん》をつくるために作業《さぎょう》する人もいます。

28～29ページで見てきた、新聞ができるまでの工程《こうてい》と照《て》らしあわせて、新聞をつくる人たちを見ていきましょう。

取材記者《しゅざいきしゃ》

新聞づくりは記者《きしゃ》が取材し、原稿《げんこう》を書くところからはじまる。取材には決《き》まった時間はなく、取材相手《あいて》にあわせて24時間いつでも動《うご》く。

記者は、日ごろからまわりに気をくばり、記事《きじ》になりそうな題材《だいざい》をさがす。物事《ものごと》をどのように見るかで、ちょっとしたことがニュースになることもある。たとえば、今話題《わだい》になっていること、読者《どくしゃ》が気になっている人や物事《ものごと》、今考えてほしいことなどを見つけて読者に知らせる。

［取材記者《しゅざいきしゃ》のもちもの例《れい》］

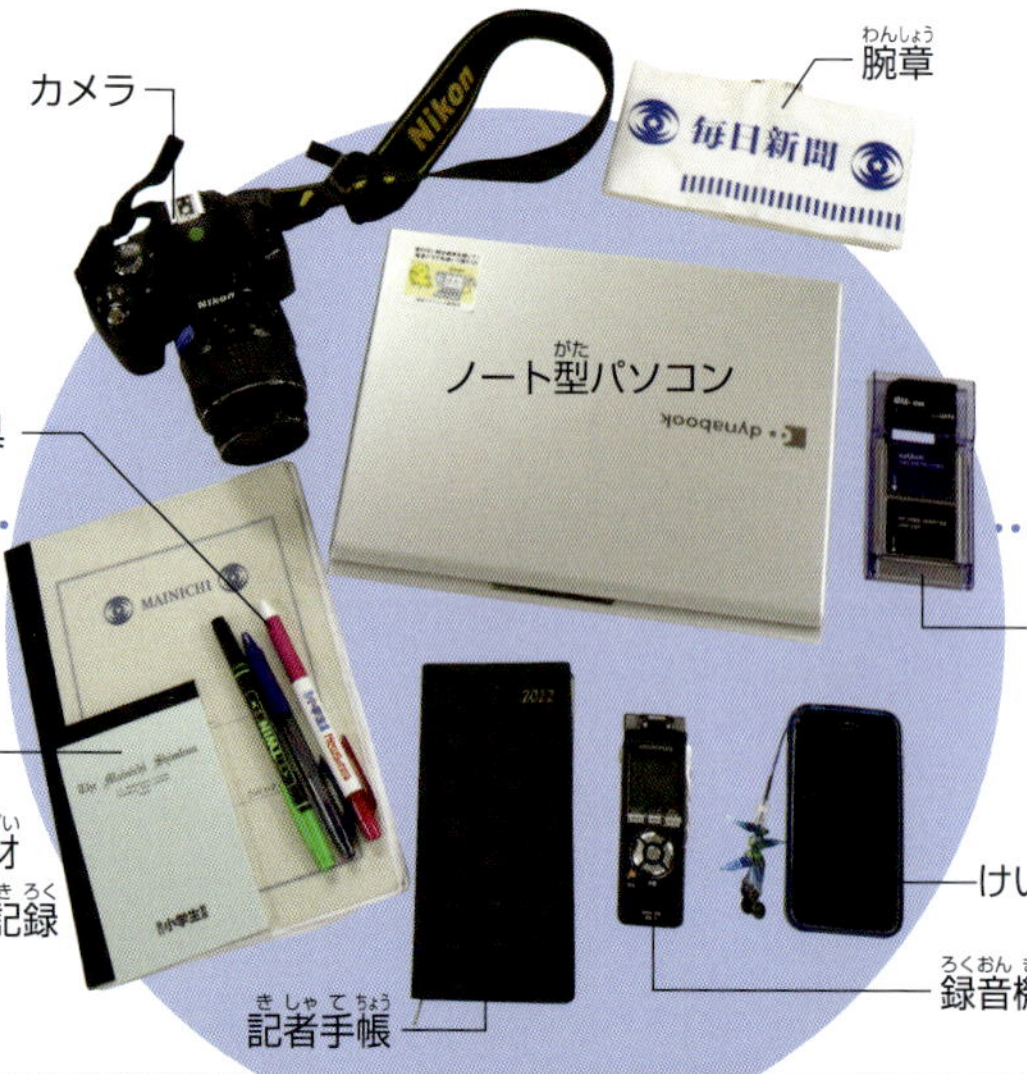

カメラ
腕章《わんしょう》
毎日新聞
ノート型《がた》パソコン
dynabook
筆記用具《ひっきようぐ》
高速《こうそく》データ通信《つうしん》カード（パソコンからデータを送《おく》るための装置《そうち》）
けいたい電話
ノート（取材《しゅざい》した内容《ないよう》を記録《きろく》しておく）
記者手帳《きしゃてちょう》
録音機器《ろくおんきき》

写真記者《しゃしんきしゃ》

取材記者が文章《ぶんしょう》で事実《じじつ》を伝《つた》えるように、写真記者は1枚《まい》の写真で事実を切りとって伝える。イベントやスポーツなどの現場《げんば》に行くほか、事件《じけん》や事故《じこ》などでは悲惨《ひさん》なできごとにもカメラを向《む》けなければならない。

デスク

デスクは、現場に出ずに社内で机《つくえ》（デスク）に向かい、すわって原稿をチェックすることからこうよばれる。政治部《せいじぶ》、経済部《けいざいぶ》など、分野ごとの各部《かくぶ》にひとりずついるデスクは、それぞれの部に集《あつ》まってくるすべての記事をチェックし、ニュースの価値《かち》を判断《はんだん》して紙面での大きさを調整《ちょうせい》する。取材記者の書いた原稿の内容《ないよう》を手直ししたり、再《さい》取材の指示《しじ》を出したりもする。

整理《せいり》記者

デスクからまわってきた原稿を受《う》けとり、ニュースの価値を判断し、あつかいの大小を決めながら見出しをつけたり、写真を配置《はいち》したりして紙面にレイアウトする。記者の原稿を、いかに読者の関心《かんしん》を引き、読みやすい記事になるようにくふうをするかが、整理《せいり》記者の腕《うで》の見せどころとなる。

校閲《こうえつ》記者

記事を書かず、読むことが仕事《しごと》。記事のなかに出てくる有名人《ゆうめいじん》、地名、駅名《えきめい》、機械《きかい》の名前など、調《しら》べられるものはなんでも調べ、正しいかどうかチェックする。写真の説《せつ》明《めい》、表やグラフ、まんがなど、広告以外《こうこくいがい》のすべての文字《もじ》を読み、文章の表現についてもチェックする。

［校閲記者《こうえつきしゃ》のもちもの例《れい》］

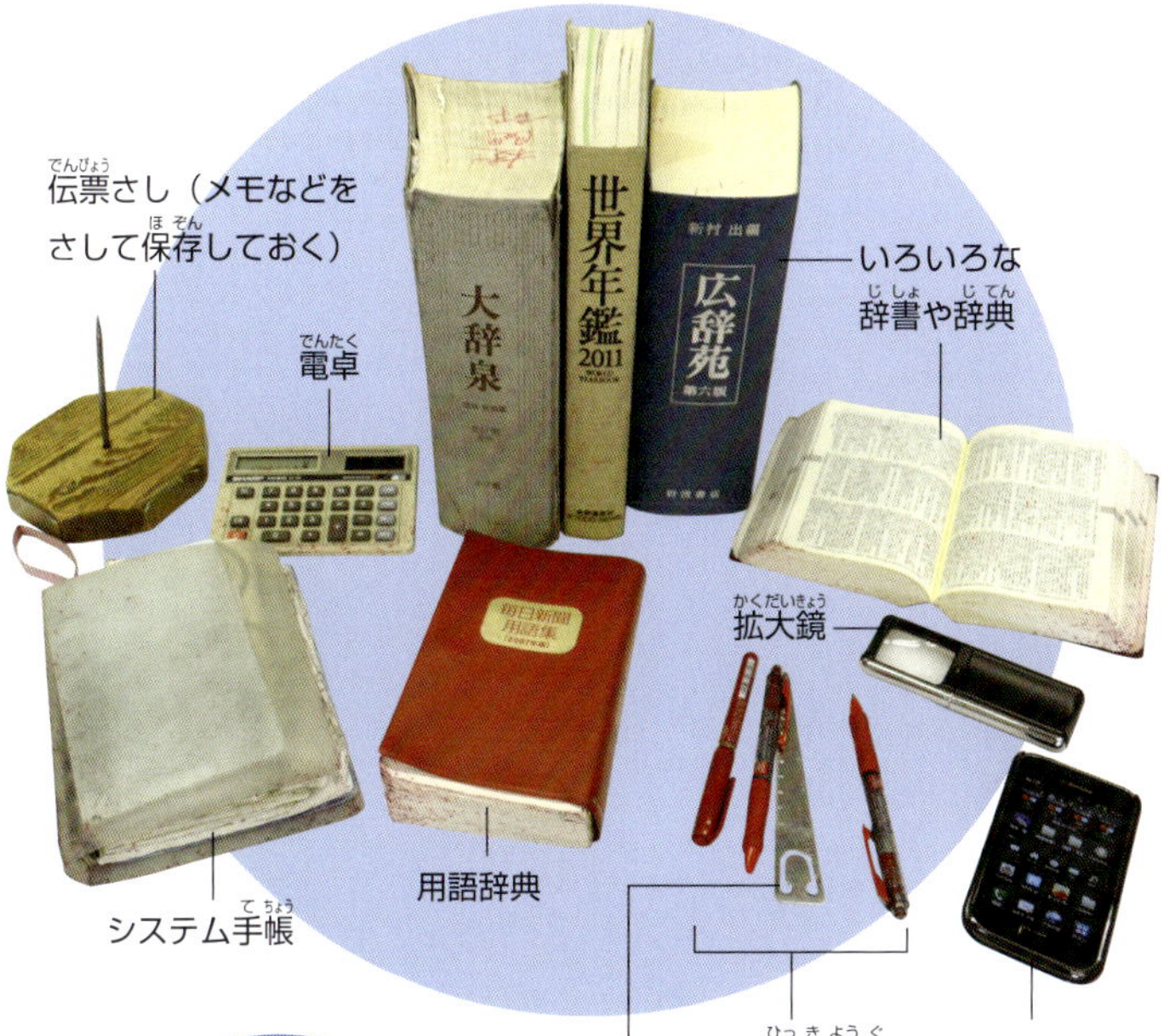
伝票《でんぴょう》さし（メモなどをさして保存《ほぞん》しておく）
電卓《でんたく》
いろいろな辞書《じしょ》や辞典《じてん》
拡大鏡《かくだいきょう》
システム手帳《てちょう》
用語辞典
赤色の筆記用具《ひっきようぐ》
けいたい電話
定規《じょうぎ》（打《う》ち消《け》し線《せん》などをまっすぐ引く）
大辞泉
世界年鑑
2011
広辞苑
第六版

新聞記者《きしゃ》というと、外へ出て取材《しゅざい》する記者のことを想像《そうぞう》しがちだけど、社内で仕事《しごと》をしている整理《せいり》記者や校閲《こうえつ》記者たちもいるよ。

▶どの記事《きじ》をどのくらいの大きさにするか。政治部《せいじぶ》、経済部《けいざいぶ》、社会部、国際部《こくさいぶ》など各部《かくぶ》のデスクが参加《さんか》する会議《かいぎ》で、記事のあつかいの大小を決《き》めていく。

被災者《ひさいしゃ》に正確《せいかく》な情報《じょうほう》をとどけたい! 石巻日日《いしのまきひび》新聞社の手書きかべ新聞

宮城県石巻市《みやぎけんいしのまきし》で夕刊紙《ゆうかんし》を発行《はっこう》する石巻日日《いしのまきひび》新聞社は、東日本大震災《ひがしにほんだいしんさい》後、6日間にわたって手書きのかべ新聞をつくってニュースを発信《はっしん》したよ。

今こそ伝《つた》えなければならない

石巻日日《いしのまきひび》新聞社は、2011年3月11日、東日本大震災《ひがしにほんだいしんさい》で津波《つなみ》の被害《ひがい》を受《う》けて新聞の印刷《いんさつ》ができなくなりました。

「大勢《おおぜい》の被災者《ひさいしゃ》が情報《じょうほう》をもとめている。休刊《きゅうかん》にだけはしたくない」。社長の近江弘一《おうみこういち》さんが翌日《よくじつ》からの新聞発行《はっこう》について考えはじめたとき、ふと頭にうかんだのが小学生のときにつくったかべ新聞でした。

「紙とフェルトペンさえあれば、情報を発《はっ》信《しん》できる。今こそ、被災者に情報をとどけなければ」

石巻日日新聞社は、号外《ごうがい》の手書きかべ新聞の発行を決断《けつだん》しました。

地域《ちいき》のため、復興《ふっこう》のために

震災翌日の3月12日、手書きかべ新聞第《だい》1号《ごう》発行のため、石巻日日新聞社の記者《きしゃ》たちは、足をつかって命《いのち》がけで取材《しゅざい》し、情報を集《あつ》めました。津波から逃《に》げてきた人の体《たい》験談《けんだん》や、目撃《もくげき》情報も貴重《きちょう》な情報源《じょうほうげん》です。

記者たちは、限《かぎ》られた紙面《しめん》で、何を伝《つた》えればいいか、悲惨《ひさん》な状況《じょうきょう》をどこまでのせるべきかなやみましたが、事実の確認《かくにん》が取《と》れた情報を伝え、「正確《せいかく》な情報で行動《こうどう》を」とよびかけることに決めました。

新聞ができあがると、手わけして6か所《しょ》の避難所《ひなんじょ》とコンビニエンスストアにはりだしました。かべ新聞は、印刷ができるようになるまでの6日間、情報がほとんどない避難所で心まちにされました。

たとえ印刷機《いんさつき》がなくても、情報を集め、伝えるという使命《しめい》をわすれなければ、新聞を発行することができるのです。

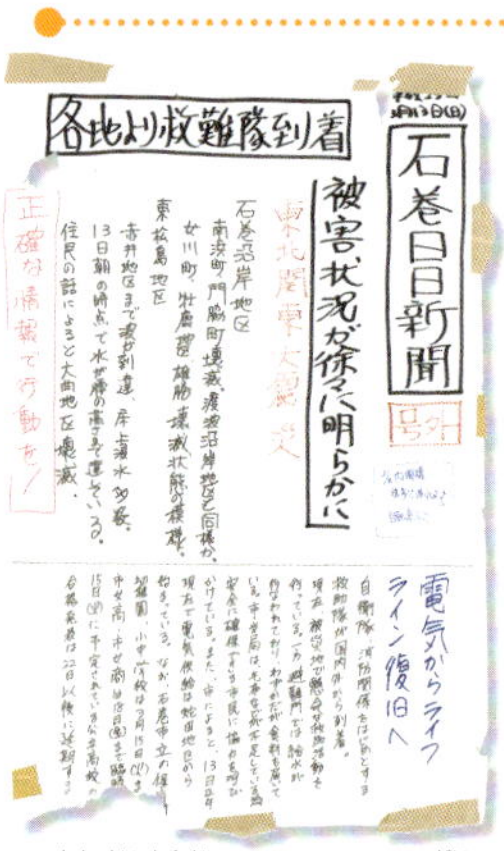

石巻日日新聞
号外
各地より救難隊到着
被害状況が徐々に明らかに
東北関東大震災
石巻沿岸地区
南浜町、門脇町壊滅。渡波沿岸地区も同様か。
女川町、牡鹿町、雄勝壊滅状態の模様。
東松島地区
赤井地区まで波が到達、床上浸水多数。
13日朝の時点で水が膝の高さまで達している。
住民の話によると大曲地区壊滅。
正確な情報で行動を！
電気からライフライン復旧へ

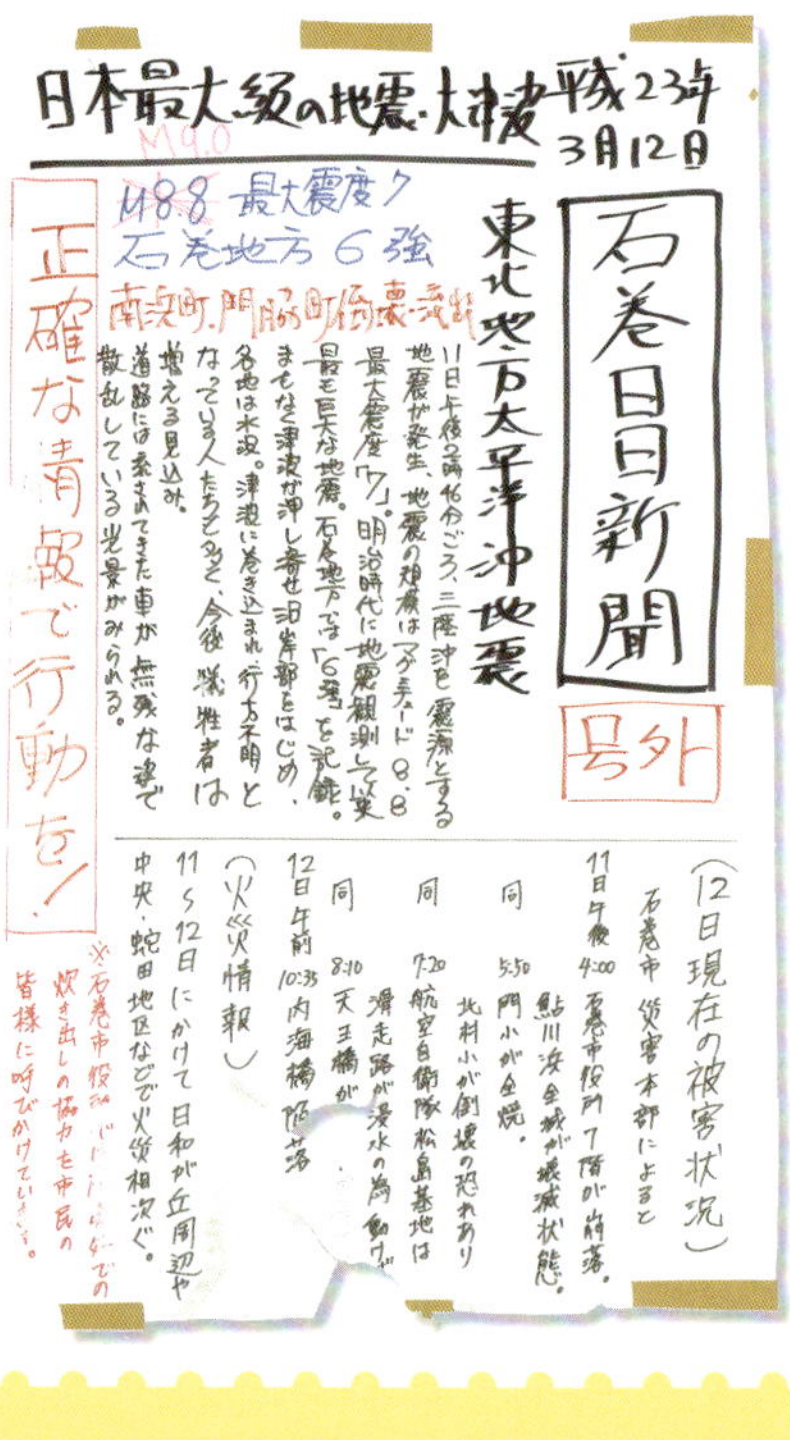

石巻日日新聞
号外
日本最大級の地震・大津波
平成23年3月12日
東北地方太平洋沖地震
M8.8（M9.0）最大震度7
石巻地方6強
11日午後2時46分ごろ、三陸沖を震源とする地震が発生、地震の規模はマグニチュード8.8最大震度「7」。明治時代に地震観測して以来最も巨大な地震。石巻地方では「6強」を記録。まもなく津波が押し寄せ沿岸部をはじめ各地は水没。津波に巻き込まれ、行方不明となっている人たちも多く、今後、犠牲者は増える見込み。道路には流されてきた車が無残な姿で散乱している光景がみられる。
正確な情報で行動を！
（12日現在の被害状況）
石巻市災害本部によると
11日午後4:00 石巻市役所1階が崩落。鮎川浜全域が壊滅状態。
同 5:50 門脇小が全焼。北村小が倒壊の恐れあり
同 7:20 航空自衛隊松島基地は滑走路が浸水の為
同 8:10 天王橋が
12日午前10:35 内海橋陥落
（火災情報）
11～12日にかけて日和が丘周辺や中央・蛇田地区などで火災相次ぐ。

震災翌日《しんさいよくじつ》3月12日の第《だい》1号《ごう》と13日の第2号。M（マグニチュード）8.8の数字が、赤字でM9.0に訂正《ていせい》されているところに、事態《じたい》の大きさがうかがわれる。

（国立国会図書館蔵）

新聞を見る人たちが何を知りたいかを考えながら、記《き》事《じ》の内容《ないよう》を相談《そうだん》する。

▲コンビニエンスストアの入り口にはりだされた新聞から情報《じょうほう》を得《え》ようとする、被災《ひさい》した人たち。

▼報道部《ほうどうぶ》のメンバー。手にしているのは、右が第《だい》1号《ごう》、左が最終号《さいしゅうごう》のかべ新聞。

石巻日日新聞《いしのまきひび》
1912年創刊《そうかん》、宮城県《みやぎけん》東部《とうぶ》の石巻市《いしのまきし》、東《ひがし》松島市《まつしまし》、牡鹿郡女川町《おじかぐんおながわちょう》を対象《たいしょう》とする地域紙《ちいき し》。

パート3

自分たちの新聞をつくろう

ここまでは一般《いっぱん》の新聞について見てきた。ここからは小学生がつくる新聞について見ていくよ。

学校でつくる新聞を見てみよう

学校新聞と学級《がっきゅう》新聞

学校でつくる新聞は、つくる人や対象読《たいしょうどく》者《しゃ》、つくる目的《もくてき》に応《おう》じて、大きく学校新聞、学級《がっきゅう》新聞、学習《がくしゅう》新聞にわけられます。

学校内を対象《たいしょう》に出す新聞を学校新聞、クラスを対象に出す新聞を学級新聞といいます。学校新聞や学級新聞は、クラスや学校内の話題《わだい》やニュースでつくることが多いですが、学校のある地域《ちいき》に関《かん》することや、そこに住《す》む人たちについて、記事《きじ》を書くこともあります。

また、社会問題《もんだい》や環境《かんきょう》問題、国際情勢《こくさいじょうせい》など、みんなが関心《かんしん》のあることがらを取《と》りあげることもあります。

授業《じゅぎょう》の一環《いっかん》としての学習《がくしゅう》新聞

国語や社会科、総合的《そうごうてき》な学習《がくしゅう》の時間などの授業《じゅぎょう》の一環《いっかん》として、授業で学んだ内容《ないよう》のまとめをしたり、自分たちで決《き》めたテーマを調《しら》べてまとめたりした新聞を学習新聞とよびます。社会科見学や移動《いどう》教室などで取《と》りくんだことを新聞のかたちにまとめたものも学習新聞にふくまれます。

学習新聞は、学校新聞や学級《がっきゅう》新聞とまとめ方がちがいます。

たとえば、個人《こじん》やグループで環境《かんきょう》について調べたことを1枚《まい》の新聞にまとめたのなら学習新聞ですが、環境委員会《いいんかい》が、環境に関《かん》するニュースを中心に定期的《ていきてき》に発行《はっこう》しているのならば、全校向《ぜんこうむ》けの新聞ということになり、学校新聞の部類《ぶるい》に入ります。

つぎのページから学校新聞、学級新聞、学習新聞の順《じゅん》に、実際《じっさい》の新聞を見ていきましょう。あつかう記事《きじ》はちがいますが、ひと目で内容がわかりやすいという点は、どれも共通《きょうつう》しています。見出しで読者《どくしゃ》の興味《きょうみ》を引き、記事を読ませようという気もちが伝《つた》わってきます。

みんなは新聞を
つくったことがあるかな?
パート3では、小学生がつ
くった新聞を見ていこう。
いろいろな新聞があること
がわかるよ。

◀字のまちがいがないか、最後《さいご》の最後までしっかりチェックする。

学校新聞

おもに新聞委員会《いいんかい》や広報《こうほう》委員会などがつくる。「学校での最新《さいしん》のできごと」「学校での今の問題点《もんだいてん》」「地域《ちいき》でおきたニュース」など、学校や地域の話題《わだい》を中心にまとめる。

（１）平成23年4月19日　学校新聞「海よ光れ」第78号

負けるな大沢の子　よみがえれ　海よ光れ！

海よ光れ

第78号
山田町立大沢小学校
山田町大沢6-51
児童会長　古久保優希菜
指導者　佐藤はるみ
和山真一

大川海渡

三月十一日。激しい地震が起こり大津波が大沢の町をおそいました。家族とも会えない人がたくさんいました。子ども同士で体を寄せ合って夜を過ごしました。何回も何回も余震が起きとても怖い日でした。

あの日から一ヶ月余り経ち、がれきの片付けが進みました。大沢の町も復興に向かってどんどん進んでいます。

今日大沢小学校も新学期が始まりました。親戚の家や他の地区から通う人もいます。他の学校へ転校していった友達もいます。

これまでとはちがった学校生活になりますが大沢小学校の児童は今までと変わらず笑顔で活発な子どもでいましょう。

お父さんやお母さん地域の方々も大沢の町を早く元通りにしようと頑張ってくださっています。

私達にもできることが必ずあります。大沢の人達が元気を出せるようにまず私達が元気よく明るく生活しましょう。そしてみんな仲良く助け合い暮らしましょう。きっと元の明るい町に戻れます！

思いやりをもって

武藤愛

今日から、学校が始まりました。

しかし、大沢小学校には、今でも約百五十人の人が避難生活を送っています。今、大沢小学校は、家をなくしてしまった人達の家であり、地域の人達に食べ物や救援物資を届ける大切な場所です。

私達のためだけの学校ではないことを忘れず、避難している人の気持ちになり行動しましょう。避難している人の中には、体の具合が悪い人もいます。一日中働いている人、夜通し火の番をする人もいます。みんなが気持ちよく過ごせるようにしましょう。そして私達の元気で避難所を明るくしてあげましょう。

ありがとう

大川海成

避難所には、たくさんの方々が助けて下さっています。自分から進んでボランティアをして下さる方々、けがの治療をして下さる日本赤十字社の方々、みんなのごはんを作って下さるおばさん方などたくさんの方々が助けて下さっています。

ボランティアとして来て下さっている、八幡平市の菊池さん、秋田県の渡辺さんと田村さんは、被災した人達を助けたいという思いで来たそうです。仕事の中で水運びが大変だそうです。避難所に物資が届いているか心配だったけど、実際に大沢小学校に来てみて安心しました。と話して下さいました。

津波で病院も無くなったために、和歌山県の赤十字病院から医師や看護師の方々が大沢小学校に来て下さり、病気やけがをした人の治療をして下さっています。日本赤十字社とは、お医者さんに診てもらえない人がいる所へ行って無料で治療する組織です。

私達を助けるために様々な人が遠くから来て下さっています。感謝しましょう。

さすがだ!!大沢！

福士悠太

大沢小学校は、二日間、孤立していました。それを救ったのは、地域のみなさんでした。地域のみなさんは、すぐに壊れた家から、お米や毛布やまきを持って来てくれました。誰からともなく火を起

やっぱり大沢は団結力があるなと感じました。いざという時に助け合える大沢って素晴らしいです。これからも、地域の人と助け合っていきましょう。

岩手県《いわてけん》の山田町立大沢小学校《やまだちょうりつおおさわしょうがっこう》の学校新聞「海よ光れ」。２０１１年の東日本大震災《ひがしにほんだいしんさい》で被災《ひさい》した直後にも新聞を発行《はっこう》し、地域《ちいき》の人たちを勇気《ゆうき》づけた（⇩５巻《かん》32～33ページ）。

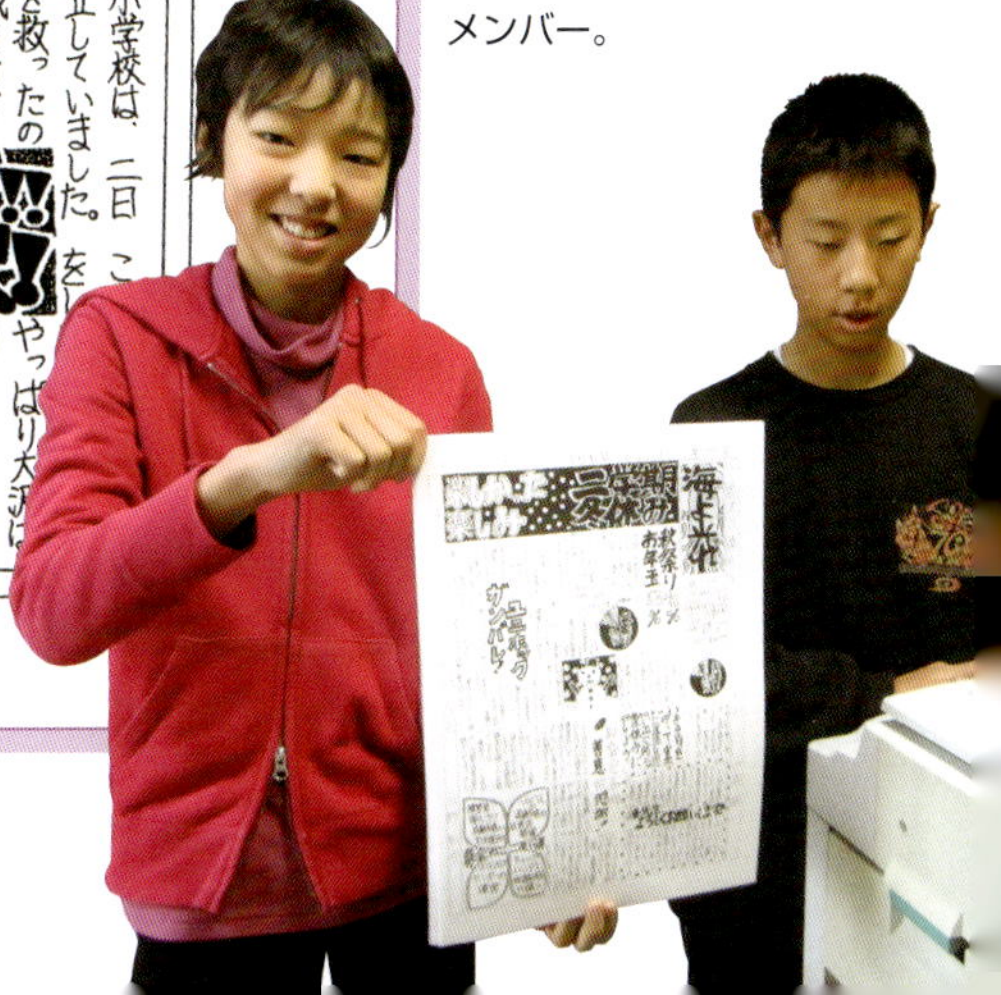

▼「海よ光れ」をつくっている児童会執行部《じどうかいしっこうぶ》のメンバー。

学校新聞くわしくは5巻《かん》

◀友だちがつくった新聞のよかった点を見つけ、つぎの新聞づくりの参《さん》考《こう》にする。

学校でつくる新聞を見てみよう

学級《がっきゅう》新聞

クラスのなかまでつくる。「最近《さいきん》クラスで気になること」「友だちの紹介《しょうかい》」など、クラスの話題《わだい》を中心にまとめる。

千葉《ちば》県《けん》市川《いちかわ》市立《しりつ》塩焼《しおやき》小学校の6年生のクラスでつくった学級《がっきゅう》新聞「イーハトーブ」。手書きの新聞からパソコンをつかった新聞づくりに挑戦《ちょうせん》して、小学生にはめずらしいパソコン新聞を発行《はっこう》している（⇨2巻《かん》44～45ページ）。

第21号（通巻61号）　イーハトーブ（6－1学級新聞）　2011年10月28日（金）発行

イーハトーブ

市川市立
塩焼小学校
6年1組
学級新聞
第7班
チーム5班

次はビシっと進めよう

1組パネルディスカッション
意見交換は活発か？

パネルディスカッション。それは、資料などを使って意見をぶつけ合う話し合いです。どういう話し合いが行われるのでしょう。

すでに3回経験したパネルディスカッション（略してPD）。どうもうまくいきません。きっと、原因は一つのグループばかりが質問攻めにあって、他のグループが何も出来ないことだと思います。つまり、失敗続きなんです。今週またやります。その時には前回失敗した所を直して、パネルディスカッションを進めたいと思います・・・

来週のPDは、論題が「小学校生活六年間で一番必要なものは何だろう」です。今度は成功だ！。

完成までもう少し！

ずいぶん長い時間を使って描いてきた、浄土宗『徳願寺』の写生絵が、完成に近づいてきました。

ほとんどの人が色をつけています。今では、終わった人も出てきました。まだ終わってない人も、完成に少しでも近づけるように、これからも頑張ろう。

でも、急ぎたいからと言って色をつけるときに、雑にしてはいけません。ひとつずつ色をおいていきましょう。なお、こども展に選ばれたのは大矢想君でした。大矢君に、インタビューしました。「自分の絵が、選ばれるとは思っていなかったので、選ばれた時は、すごくビックリしたし、嬉しかった。」

集大成作りへ

今までの新聞の集大成ということで、学年新聞実行委員が、学年新聞とはがき新聞づくりをしています。テーマは今までの新聞と六年間の思い出です。思い出すのは大変ですが、印象の強い思い出なら書けると思います。

お帰りなさい陸上部

澤田君、馬場君、船渡さん、山口さん、芝田さんが陸上大会に出場してきました。結果は澤田君が短距離で、三位でした。そこで、大会に長距離で出場した馬場君にインタビューしました。「二年目なんですけれど、大勢の人がいて、緊張しました。

残り一周の時、担任（武藤先生）の目の合図で頑張りましたが、九位という結果、に終わってしまい、残念」と言っていました。

数々のトラブルもありましたが思い出に残る大会でしたね。みなさんお疲れ様です。今後、陸上部に入る人がいるかもしれませんね。是非頑張って下さい。

1組のエース達5名

縄文　弥生　古墳　飛鳥　奈良　平安　鎌倉　室町　安桃　江戸　明治

シリーズ　歴史にタイムスリップ

今回のターゲットは、西郷隆盛です。西郷さんは江戸幕府を倒し明治維新を進め、明治新政府の参議とりましたが、征韓論を主張して敗れて、辞職しました。また、西南戦争を起こしましたが新政府軍に敗れて、自殺してしまいました。多くの人に愛された人なのに、とっても残念ですね。

文化会館に歌声響け！

来月の十日に市内音楽会があります。自分たちの歌声を文化会館全体に響かせたいですね。

そのためにはたくさん練習して、本番で練習の成果を発揮しましょう。

きっと素晴らしい音楽会になるでしょう。

ムでも……らあきらめずに、新聞を頑張りましょう。

選ばれたチームは、パソコン（PC）で新聞をつくります。PCで新聞をつくるのは、少し大変ですが、とても良い新聞が出来ると良いです。チャレンジは楽しいね。

そしてパソコン新聞へ

初めて学級新聞『イーハトーブ』がPCでつくられました。ここからは感想です。

石川…「PCでつくると聞いて、ビックリしましたが、うまくできたと思います。」

遠藤…「紙に文字を書くよりも時間がかかったけれど、打ち込むのが楽しかったです。」

土屋…「PCで新聞をつくるのは難しかったけれど、楽しかったです！」

これからPCで新聞を作る人は、頑張って下さい！

▼学級《がっきゅう》新聞をつくることで、クラスの団結力《だんけつりょく》が高まる。

学級《がっきゅう》新聞くわしくは5巻《かん》

学習新聞《がくしゅうしんぶん》

個人《こじん》またはグループでつくる。「歴史《れきし》新聞」や「読書新聞」「社会科見学新聞」など、授業《じゅぎょう》や調《しら》べ学習《がくしゅう》で学んだことや、さらに発展《はってん》させたことをまとめる。

▲読みやすい紙面《しめん》を意識《いしき》して、ていねいにじっくりと清書《せいしょ》する。

はがき新聞は、はがきの大きさの用紙にまとめた新聞のことだよ。学習《がくしゅう》新聞には、こういう新聞のかたちもあるよ。

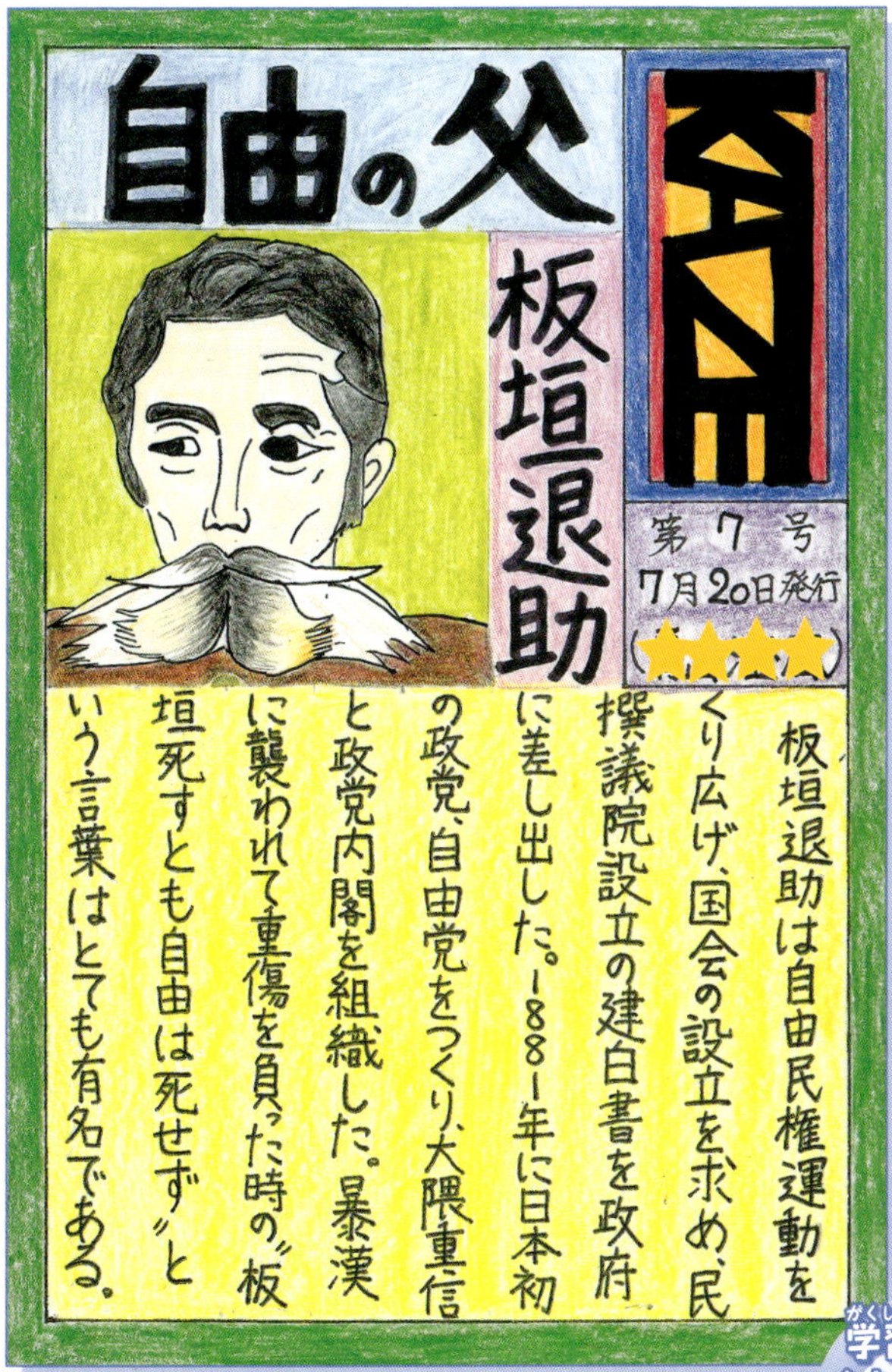

自由の父

板垣退助

第7号
7月20日発行

板垣退助は自由民権運動をくり広げ、国会の設立を求め、民撰議院設立の建白書を政府に差し出した。1881年に日本初の政党、自由党をつくり、大隈重信と政党内閣を組織した。暴漢に襲われて重傷を負った時の〝板垣死すとも自由は死せず〟という言葉はとても有名である。

東京都《とうきょうと》の私立国立学園《しりつくにたちがくえん》小学校の6年生がつくった歴史《れきし》新聞。授業《じゅぎょう》のまとめとして、はがき新聞で歴史上の人《じん》物《ぶつ》を紹介《しょうかい》している（⇨3巻《かん》19ページ）。

学習《がくしゅう》新聞 くわしくは 3巻《かん》と4巻

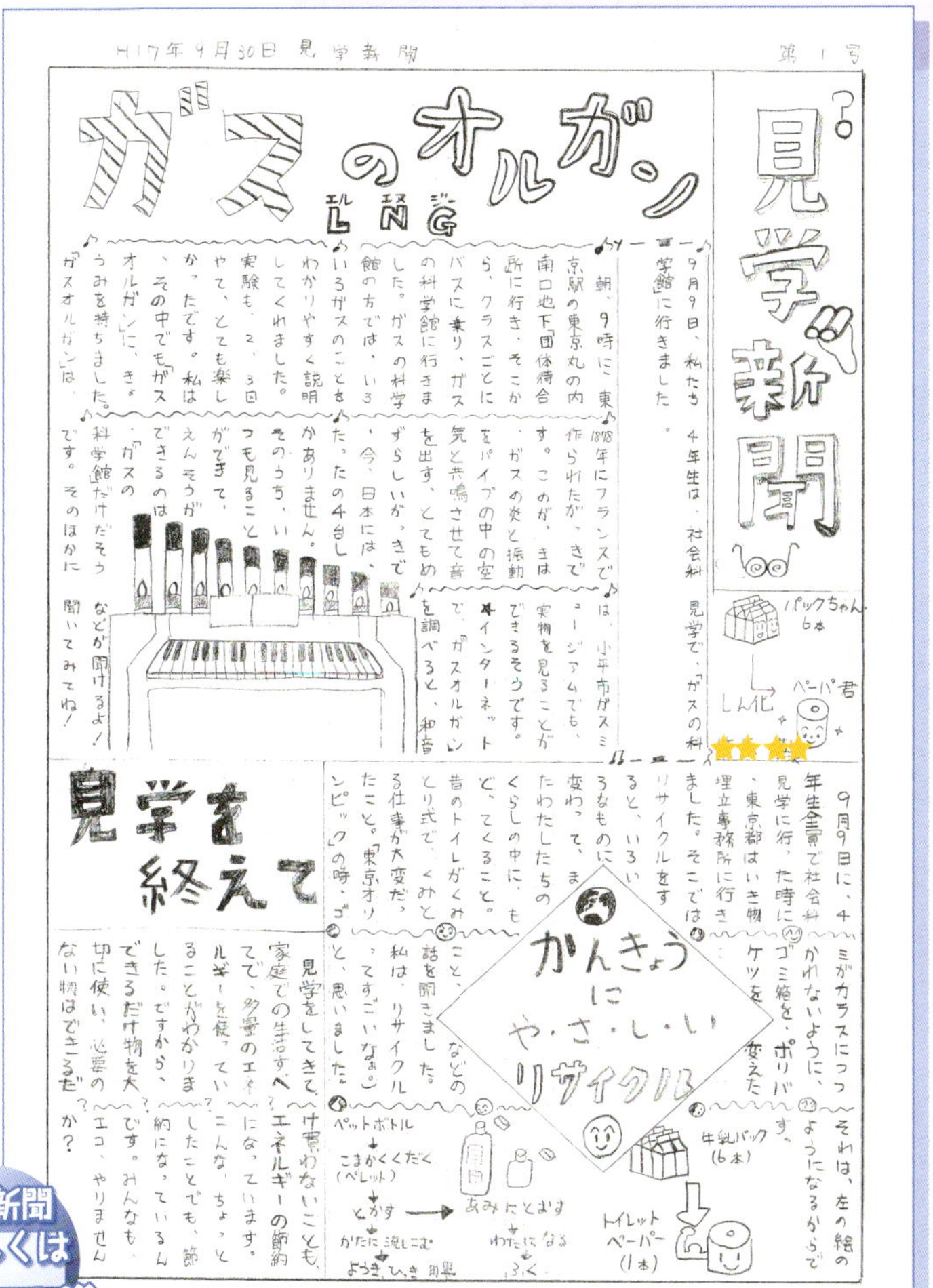

H17年9月30日 見学新聞 第1号

見学新聞

ガスのオルガン

L《エル》N《エヌ》G《ジー》

9月9日、私たち4年生は、社会科見学で、「ガスの科学館」に行きました。

朝、9時に、東京駅の東京丸の内南口地下「団体待合所」に行き、そこから、クラスごとにバスに乗り、ガスの科学館に行きました。ガスの科学館の方では、いろいろなガスのことをわかりやすく説明してくれました。実験も、2、3回やって、とても楽しかったです。私は、その中でも「ガスオルガン」に、きょうみを持ちました。「ガスオルガン」は、

1878年にフランスで作られたが、きです。このが、きは、ガスの炎と振動をパイプの中の空気と共鳴させて音を出す、とてもめずらしいが、きで、今、日本には、たの4台しかありません。そのうち、いつも見ることができて、えんそうができるのは、「ガスの科学館」だけだそうです。そのほかには、小平市ガスミュージアムでも、実物を見ることができるそうです。

★インターネットで、「ガスオルガン」を調べると、和音などが聞けるよ！ 聞いてみてね！

パックちゃん 6本 → しん化 → ペーパ君

見学を終えて

9月9日に、4年生全員で社会科見学に行った時に、東京都はいき物埋立事務所に行きました。そこでは、リサイクルをすると、いろいろなものに変わって、またわたしたちのくらしの中に、もどってくること。昔のトイレがくみとり式で、くみとる仕事が大変だったこと。「東京オリンピック」の時、ゴミがカラスにつつかれないように、ゴミ箱を、ポリバケツを変えたことなどの話を聞きました。私は、リサイクルってすごいなぁ。と、思いました。

かんきょうに や・さ・し・い リサイクル

それは、左の絵のようになるからです。

ペットボトル → こまかくくだく（ペレット） → とかす → かたに流しこむ → ようき、ひき、用具
とかす → あみにとおす → わたになる → ふく
牛乳パック（6本） → トイレットペーパー（1本）

見学をしてきて、家庭での生活すべてで、多量のエネルギーを使っていることがわかりました。ですから、できるだけ物を大切に使い、必要のない物はできるだけ買わないことも、エネルギーの節約になっています。こんな、ちょっとしたことでも、節約になっているんです。みんなもエコ、やりませんか？

国立学園《くにたちがくえん》小学校の4年生がつくった社会科見学新聞。見学してきてわかったことをまとめている（⇨3巻《かん》37ページ）。

▼新聞づくりは、授業《じゅぎょう》で学んだことをふりかえるきっかけになる。

小学生記者《きしゃ》の新聞づくり

なかまとつくる、個人《こじん》でつくる

学校以外《いがい》の活動《かつどう》でつくる新聞もあります。下に掲載《けいさい》している「ファイト新聞」は、2011年の東日本大震災《ひがしにほんだいしんさい》の地震発生《じしんはっせい》から1週間後に創刊《そうかん》され、50号《ごう》まで発行《はっこう》されました。宮城県気仙沼《みやぎけんけせんぬま》の避難所《ひなんじょ》でくらした小学生が集《あつ》まってつくったこのかべ新聞には、その日のできごとや、とどいた救援物《きゅうえんぶっ》資《し》を知らせる記事《きじ》が書かれ、避難所でくらす人たちを元気づけました。

左ページの新聞は、「わがまち新聞」コンクールで第《だい》5回グランプリを受賞《じゅしょう》した小学4年生の新聞です。足をつかって「すげがさ」を取材《しゅざい》し、写真《しゃしん》や地図で本格的《ほんかくてき》な新聞のようにまとめています。

「すげがさの里」のように個人《こじん》で調べて学んだことを新聞でまとめるやり方は、夏休みの自由研究《じゆうけんきゅう》の発表《はっぴょう》として活用できます。

⬇自由研究《じゆうけんきゅう》をまとめた新聞は4巻《かん》に紹介《しょうかい》しています。

「ファイト新聞」で書く記事《きじ》のルールは、「暗《くら》い話は書かない」ということ。『宮城県《みやぎけん》気仙沼発《けせんぬまはつ》！　ファイト新聞』という本も出版《しゅっぱん》された。

『宮城県気仙沼発！ ファイト新聞』（ファイト新聞社著・河出書房新社刊／写真：大沼ショージ）より

3年生のときに勉強《べんきょう》した地元の福井県《ふくいけん》福井市清水地区《しみずちく》について調《しら》べ、特産品《とくさんひん》である「すげがさ」に注目《ちゅうもく》。
保存会《ほぞんかい》の会長インタビューやすげがさの全国分布図《ぜんこくぶんぷず》など、さまざまな視点《してん》からテーマにせまっている。

すげがさの里新聞　2009年(平成21年)8月25日(火曜日)

すげがさの里

福井市清水南小学校　4年　森嶋茉凜

清水の宝物すげがさ

かさじぞうのお話に出てくるかさのことです。かさじぞうのお話は、おじいさんとおばあさんが作ったすげがさを売りに町に出かけました。しかし、かさはひとつも売れなくてごちそうも買うことができませんでした。しかたなく家に帰ることにしました。帰ると中、おじいさんは、雪にうもれそうなおじぞうさまを見つけ、かわいそうに思い、売れのこったかさを全部つけてあげました。その夜、おじぞうさまは、お礼にお正月のごちそうをとどけてくれた話です。

むかし、すげがさは、のう作業にはなくてはならないものだったそうです。全国的には、昭和のはじめに麦わらぼうしや雨がっぱが流行するまでは、雨よけや夏の日よけのため、手ぬぐいと同じ様にかぶりました。昭和の始めまでは、お百しょうさんの田んぼ仕事が休みになる冬にさかんにつくられました。

すげがさ作りがピンチ

越前すげがさづくりを守る会　見寺正雪会長

会長さんにインタビュー

Q すげがさは、いつ作っていますか。
A すげのかり取りは七月〜八月の夏に行い一週間かけてかんそう保ぞんします。十一月〜三月の冬にすげがさをあみます。

Q 保ぞん会は、いつできましたか。
A 今から二十年前の平成元年にできました。

Q 保ぞん会員は何人いますか。
A すぎ谷を中心に十五けんが参加しています。

Q 作ったすげがさは、どうしていますか。
A 主にかん光用にぜん野さいで売っています。

Q 保ぞん会の活動は、どんなことをやっていますか。
A 清水町時代は、町内四つの小学校で体けん教室をやっていました。福井市に合ぺいしてからは、東小学校だけになりました。十一月の毎週土曜日に近くの集会場でこう習会を行っています。

すげ田の前で話をする見寺会長

「小羽町のすげ田が作られなくなり、今年から、自分の用で作るようになりました。」

すげがさマラソン

すげがさは清水でのシンボルだったので清水すげがさマラソンが昭和五十三年〜平成十七年までマラソン大会がありました。福井市に合ぺいしてからは、清水すげがさウォークになりました。

わたしが通っている清水南小学校では6年生がすげがさ教室で小さなすげがさを作りましたが、わたしのお姉ちゃんの前の学年まで作っていましたが、合ぺい後はなくなりました。わたしもやってみたかったです。

すげがさマラソンのマスコット

いとこがもらったすげがさ

【に生ぐんのすげがさの生さん量】

年	職人	数量
明治40	162	125500
大正1	374	121360
昭和5	349	100400
昭和10	363	99540
昭和14	465	136200
昭和30	不明	85000

越前 菅笠の郷

すぎ谷町のすげがさの石ひ

福井市清水地区で今でも作られているすげがさ。江戸時代の終わりごろからのう作業の雨よけや日よけ用のかさとして作られてきました。今でもこのわざが受けつがれています。すげがさ作りは、ものすごい手間と時間がかかる大変な作業です。のう作業の少ない冬に作られました。お米作りよりももうかるといわれ、清水地区各地にすげ用(すげをつくる田んぼ)があり、さかんに作られました。お父さんやお母さんのおばあちゃんは、田うえやいねかりなどののう作業の時にはかならず使っていたそうです。毎年田うえの前には、新しいものを買っていたそうです。昭和の始めにはすぎ谷町にかさ間屋がありかさを買い取り売りさばいたそうです。今は、使う人もほとんどいなくなりましたが、すげがさを使っている人を見つけ、話を聞くと、ぼうしよりも涼しく軽いので使っているそうです。また、売っているところも少ないので直せつ作っている所に買いに行くそうです。

すげがさを使う人 山内町

やっぱりすげがさは清水の特さん品

五い山なっとう
すげがさの石ひ
作られなくなったすげ田
ぜん野さい
上天下町
上天下町
三とめ町
田じり とち谷町
小羽町
すぎ谷町
風まき町
見寺会長の家
清水図書館
すげがさを使っていた人
昭和の初めにすげがさを作っていた場所
新ちゃんみそ
マイドーム清水にあったすげがさ
すげがさのとう
帰り道に見つけたすげがさマーク

【清水地区マップ】

深えのすげがさ

場所 大さか市東成区深え

れきし 深えはりょうしつのすげ草がはえる地いきでした。大和国よりすげがさ作りが伝えられ、ならかい道ぞいにあることから、江戸時代にいせまいりにむかう人々の必ようなものとして多くの旅人が使うようになりました。

ほご団体 深えすげ田保ぞん会 深えすげ細工保ぞん会

ほご活動 深えすげがさ細工保ぞん会によってすげ

仁井田のすげがさ

場所 秋田県横手市十文字

れきし 仁井田は「かさつくりの里」として有名

がさ作りが伝えられています。富山県高おか市福おか町の保ぞん会と交流をしています。また、平成十一年に大さか市のむ形文化ざいに指定されました。

です。戦国時代に加賀の国から作り方が伝えられました。明治時代には、五十けんの農家が、七万個生さんし、全国に売られました。

ほご団体 仁井田すげがさ生さん協会

ほご活動 かん光客にすげがさ作りの体けん活動を行っています。また昭和五十七年に横手市文化ざいに指定されました。

こんな所にもすげがさがあった

福井県
清水地区
福井市
仁井田のすげがさ
白根のすげがさ
の生のすげがさ
あやめがさ
越中福おかのすげがさ
越前すげがさ
深えのすげがさ

【全国すげがさマップ】

越中福おかのすげがさ

場所 富山県高おか市福おか町

れきし やく四百年前に加賀はんによって生さんをすすめられ、「加賀がさ」の名前で、全国に売られました。生さん量が多かったときには、七八十けんの農家がありました。げんざいは、八十さい以上の人ばかりですが、地場さん業で全国の九十%以上を生さんしています。

ほご団体 越中福おかのすげがさせい作ぎじゅつほぞん会

ほご活動 平成二十年に国の重よう無形民族文化ざいに指定されました。また、福おか町の中心部に「すげがさの館」が作られました。

越前すげがさ

場所 福井市清水地区

れきし 清水地区ではやく百五十年から加賀かさの作り方が伝えられ農家のふく業として作られました。町内各地にすげ田があり冬にはすげがさづくりがさかんに行われました。

ほご団体 越前すげがさ作りを守る会

ほご活動 毎年近くの小学校で体けん学習会を開いています。また、地区の集会場でこう習会を行っています。

すげがさ作り

取材を進めて

去年の夏休み、お姉ちゃんが学校の宿題できょう土新聞を書いているのを見てわたしも新聞を書いてみようと思いました。三年生の時に清水地区について、勉強しました。清水地区の特さん物のすげがさについて調べることにしました。インターネットや図書館で調べると内ようがむずかしくて分からない言葉は、お父さんやお母さんに聞きました。「ぜん野さい」ではお店の人に会長さんをしょうかいしてもらいました。インタビューする内ようを考えたり、聞いたことをメモするのにくろうしました。すげがさを作ることのできる人がいなくなり、生さん量がへり、使う人もいなくなっていることがわかりました。清水地区以外のすげがさも同じでほご活動が行なわれていることがわかりました。清水地区の特さん物であるすげがさを守り、全国のさん地と協力してほしいです。新聞にまとめるのは大変でした。みだしのつけ方や書き方はお姉ちゃんに教えてもらいました。みだしの字や写真のいんさつ大きさを決めるのはむずかしく、下書きをしてから清書しました。今回くろうして、調べましたがいろいろなことがわかって楽しかったです。他のことも調べてみたいです。

〈図書館でかりた本〉「すげの里清水のおもい出」「清水風土記」「たんけん清水町」「清水町し前かん」「わたしたちの福井市」「福井新聞」

〈調べたインターネット〉「福井アグリネット」「富山県HP」「横手市HP」「高おか市HP」「とやま遊学ネット」

〈調べた場所〉マイドーム清水、清水図書館、ぜん野さい、見寺正雪さん

ぜん野さいで売られているかさ

清水地区の特さん品

地さん地消

新ちゃんみそ

平成十九年三とめ生さん組合が作られ地元でとれた大豆や野さいを使った、なっ豆やキムチを生さんしています。生さんから加工はん売まで取り組んでいます。

五い山なっ豆

昭和五十四年から清水町大豆加工しせつが作られ、新保地区で「青空グループ」が手作り、自然、健康をコンセプトにみそを作っています。平成十四年には、「げんせんふくいのにんしょうEマーク」ににん定されました。

サイズ：B3判《ばん》(51.5cm×36.4cm)／第《だい》5回「わがまち新聞」コンクールグランプリ(新聞教育《きょういく》文化《ぶんか》財団主催《ざいだんしゅさい》)

新聞にまとめて伝《つた》えよう

中学生がつくる学校新聞

ここまでは、小学生がつくった新聞を見てきました。

左ページの新聞は、中学生がつくった新聞です。東京都荒川区立諏訪台中学校《とうきょうとあらかわくりつすわだいちゅうがっこう》の学校新聞「諏訪台」は、創刊以来《そうかんいらい》、全国《ぜんこく》コンクールの中学生の部《ぶ》で10年連続上位入賞《れんぞくじょういにゅうしょう》という伝統《でんとう》をもっています。

この号《ごう》の記事《きじ》の中心は、「節電特集《せつでんとくしゅう》」「感動《かんどう》の運動会終《うんどうかいお》わる」「区夏季《くかき》大会始《はじ》まる」といった学校関連《かんれん》のニュースです。かこみ記事の「世《よ》の中《なか》NOW《ナウ》」では、近所《きんじょ》にできる東京《とうきょう》スカイツリーに目を向《む》けて、その最《さい》新情報《しんじょうほう》を知らせています。「6月クローズアップ」では、季節《きせつ》の話題《わだい》として梅雨《つゆ》を取《と》りあげ、読者《どくしゃ》の興味《きょうみ》を広げています。下段《げだん》の「諏訪台の窓《まど》」はコラム、「デスクから」は編集後記《へんしゅうこうき》です。今回の新聞づくりをふりかえり、感想《かんそう》や考えを書いています。

新聞づくりのたのしさ

新聞にまとめることのよさは、取材《しゅざい》をしたり、調《しら》べたりすることで、新しい発見《はっけん》をしたり、理解《りかい》を深《ふか》められたりすることです。自分がわかったことを記事《きじ》にして、みんなに知ってもらえるたのしさもあります。

パート3で紹介《しょうかい》した新聞は、つくる目的《もくてき》はちがっていても、何かを伝《つた》えたいという気《き》もちが紙面《しめん》にあらわれています。諏訪台《すわだい》中学校の学校新聞は、ニュースを伝えるだけでなく、公式戦《こうしきせん》でのサッカー部《ぶ》の健闘《けんとう》をいのったり、高校受験《じゅけん》をひかえた3年生を応援《おうえん》したりと、なかまや学校生活を大切にしている気もちが伝わってきます。

新聞のつくり方については、2巻《かん》でくわしく紹介《しょうかい》しています。ひとりでも、友だちといっしょにでもつくることができます。みなさんも、ぜひ自分たちの新聞をつくってみてください。

「諏訪台《すわだい》」は、拡大版《かくだいばん》を学校の玄関《げんかん》の外にも掲示《けいじ》して、学校の前を通る人にも読めるようにしているよ。たくさんの人が読めるというのも、新聞のよさだね。

学校新聞「諏訪台」
▶校内に掲示《けいじ》されている学校新聞「諏訪台《すわだい》」。新しく発行《はっこう》された新聞が、追加《ついか》されていく。

生徒会本部編集局《せいとかいほんぶへんしゅうきょく》が発行《はっこう》。創刊《そうかん》から9年半で200号《ごう》を達成《たっせい》したという生徒会新聞。できあがった新聞は、全校生徒450人のほかに、地域《ちいき》や町会に約《やく》270部《ぶ》、荒川区内《あらかわくない》のほかの小・中学校にも配布《はいふ》している。

平成２３年６月１４日　荒川区立諏訪台中学校　生徒会本部・諏訪台編集局　「諏訪台」　第２１４号

諏訪台

＜発行者＞
〒116-0013
東京都荒川区西日暮里
2－36－8
Tel03-3891-6115
荒川区立諏訪台中学校
生徒会本部・編集局
第214号
＜編集長＞
（3年D組★★★★★）

私たちの小さな努力の積み重ねが快挙を呼ぶ

節電３０％達成！

5月前年比 −31．2％

荒川区目標 30％をクリア

22年（大震災前）		23年（大震災後）		前年比
3月	3.516	3月	2.8122	−20.0％
4月	3.3924	4月	2.4678	−27.3％
5月	3.5826	5月	2.4654	−31.2％
6月	4.2432			
7月	4.8366			
8月	3.7632			
9月	4.773			
10月	4.4706			
11月	3.414			
12月	3.174			

単位　万kWh

節電30％達成を知らせる生徒会ポスター【玄関への表示】

節電特集【第４回】

大震災後の３月中旬より生徒会が行ってきた節電への取り組み。５月はついに荒川区が公共施設に求めている３０％をついに達成しました。

ついに30％節電を達成しました。生徒会本部では節電シールを貼ったり、生徒会朝礼での呼びかけ、ポスター、学校新聞「諏訪台」に3回にわたって特集したりとさまざまな節電の取り組みをしてきました。そして、ついに先月5月は、左の表にもあるように前年比マイナス31．2％と大きく目標をクリアしました。5月16日から夜間の施設開放が復活したため夜間照明にかかわる電力消費が加わりました。そのため、まさか目標を本当に達成できるとは正直な話思っていなかったので大変うれしく思います。4月以上に私たちの節電への思いと努力が大きかったのだと思います。

小島副校長先生に節電30％達成についてお聞きすると「大きな学校なので30％は難しいと思っていました。でも、生徒会を中心に節電シールを貼ってくれたので、みんなの節電意識が高まり達成できたのだと思います」とにこやかに話していただきました。また、10日（金）のPTA運営委員会で清水校長先生が節電30％達成の話をしたとき保護者の方々から大きな拍手が起きたそうです。

今後も全校で節電に心がけていきましょう。また、家でも節電を広げていきたいですね。

なお、東京電力に問い合わせをすると過去の各月の消費電力量や料金を教えてくれるそうです。各家庭でも節電の効果を比較してみるのもいいと思います

諏訪台にいたことを誇りに思う感動の運動会終わる

6月4日（土）第2校庭にて第14回運動会が「あきらめない心、気合いでつきすすめ、希望に満ちた、新たな一歩」というスローガンのもと行われた。今年も伝統の、男子組体操、女子ソーラン、3年大ムカデ走と数々の感動のドラマが生まれた。結果や当日の様子は、運動会当日速報の3号（「諏訪台第211号～213号」）でお知らせしたとおりだ。ここでは、当日見に来ていただいた方へのインタビューで運動会を振り返ってみたい。

昨年まで運動会を中心的に運営していた体育科の恩田奈美恵先生はソーランについて「気合いの入ったソーランでした。1週間前位に新先生と谷矢先生に会う機会がありました。“今年のソーランはまだまだなんだ”と聞いていたのでどうなるかと思いましたが、ふりのよさ、声の大きさ、団結力どれをとっても素晴らしかったと思いました。3年女子はしっかりと伝統を2年女子につなぐことが出来たと思います。2年女子の皆さんは3年女子より受け継いだ伝統を来年1年女子に繋いでほしいと思います。感動しました」と来賓席のテントの中でにこやかに話してくれました。また、昨年まで旧校時代を含めると諏訪台中13回の運動会すべてに参加した出井玲子先生は「まず開会式の行進。全員がそろった行進と吹奏楽部の校歌による行進曲。改めて諏訪台生の力強さを感じました。また、行進の前の集合の時に3年生が中心となって声をかけてピロティに並んでいる姿もよかったです。このようなすばらしい学校にいられたことを誇りに思う」と開会式直後に答えてくれました。今まで諏訪台中にいらっしゃった先生方にほめていただいたことは私たちの自信になりますね。

ソーラン出番を待つ緊張の瞬間

中学生２３００円は高い？

世の中ＮＯＷ 〜スカイツリー開業まで１年きる〜

最近ますます話題沸騰してきている、日本の新名所となる「東京スカイツリー」の開業日が来年の5月22日（火）となりました。なぜ火曜日かというと土日だとすごい混雑になって収拾がつかなくなるからだそうだ。

さて、このスカイツリーは墨田区押上に建てられています。諏訪台中の5階や東側階段からも見えますね。世界最高の高さを誇る電波塔です。百貨店や本屋なども入る商業施設（東京ソラマチ）や水族館、ドームシアターなどもできる予定です。また、最寄り駅の東武線「業平橋（なりひらばし）駅」は改名されて「東京スカイツリー駅」となる予定です。

気になるスカイツリーの料金は第1展望台（地上350ｍ）は大人2000円、中学生は1500円、第2展望台（地上450ｍ）へはさらに大人1000円、中学生は800円が加算されます。（中学生：計2300円）なお、開業後1ヶ月半は混雑対策として完全予約制となり、日時指定のためさらに500円加算されるそうです。果たしてこの料金は高いのか安いのか。いずれにしても、開業まで1年をきりました。

区夏季大会始まる

3年生にとっては最後の公式戦区夏季大会が始まった。11日（日）扇大橋河川敷でサッカーの1回戦が行われPK戦を制して七中に勝利し2回戦へと進出した。対戦相手は強豪五中と18日（土）に。サッカー部そしてこれから始まる他の部活の健闘と勝利を祈る！

勝利を喜ぶサッカー部3年

6月クローズアップ

今回のクローズアップは梅雨についてです。

「梅雨」の語源は、この時期は梅の実が熟す頃であることからという説や、この時期は温度が高くカビが生えやすいことから「黴雨（ばいう：カビの雨）」と呼ばれ、これが同じ音の「梅雨」に転じたという説、などさまざまなものがあります。五月雨の降る頃の夜の闇のことを「五月闇」といいます。ちなみに「五月雨」の話が転じて、梅雨時の雨のように、物事が長くだらだらと「五月雨式」というようになりました。また、梅雨の晴れ間のことを「五月晴れ」といいますがこの言葉は最近では「ごがつばれ」とも読んで新暦五月初旬のよく晴れた天候を指すことの方が多くなりました。気象庁では、5月の晴れのことを「さつき晴れ」と呼び、梅雨時の晴れ間のことを「梅雨の合間の晴れ」と呼ぶように取り決めました。さて、梅雨もこれからが本番。今年の梅雨明けはいつになるでしょうか。

諏訪台の窓

6月4日（土）運動会が行われました◆スローガンを達成することができ、無事成功させることができました◆当日速報の「諏訪台」を3号発行できましたが内容はどうだったでしょうか◆13日（月）の生徒会朝礼で3年生4人からの運動会の発表と2年生2人から3年生への感謝の気持ちを発表しました。くわしくは次号で特集しますが、運動会という諏訪台中のよき伝統が3年生から2年生へと引き継がれた朝礼となりました◆さて、22日（水）から期末テストが始まります。気持ちを勉強モードに切りかえてテスト勉強に取り組まなくてはいけませんね◆3年生は高校受験にかかわる大事なテスト。今まで以上のがんばりが必要です。

デスクから

節電30％達成は本当にすごいですね。夏季大会での各部活の活躍を祈ります。次号は活躍特集？

【諏訪台214号担当者】
【編集長】★★★★★
【記事】★★★★★★★★★★★★★★★★★★★★★★★★★

サイズ：B4判《ばん》（36.4cm×25.7cm）／東京都《とうきょうと》荒川区立《あらかわくりつ》諏訪台《すわだい》中学校「諏訪台」2011年6月14日第《だい》214号《ごう》

新聞を切りぬいてつくるスクラップ新聞

新聞を読み、気になる記事《きじ》を切りぬいて、ノートや模造紙《もぞうし》などの用紙にはる。そこに題字《だいじ》や見出しなどを入れてまとめた新聞をスクラップ新聞というよ。

スクラップって何?

「スクラップ」とは、切りぬくこと、または、新聞から切りぬいた記事《きじ》のことを「スクラップ」といいます。新聞には、社会でおきているあらゆるニュースがのっています。それらのなかから気になる記事や印象《いんしょう》に残《のこ》った記事を切りとってノートなどにはることを「新聞スクラップ」といいます。

たとえば好《す》きなスポーツ選手《せんしゅ》の記事や、気になる環境問題《かんきょうもんだい》に関《かん》する記事などをスクラップして1冊《さつ》のノートにまとめれば、自分だけの貴重《きちょう》な資料《しりょう》になります。

見出しや感想《かんそう》をそえればスクラップ新聞

学校では、いろいろな方法《ほうほう》で新聞スクラップがおこなわれています。

①毎朝、日直が、自分の興味《きょうみ》のある記事をスクラップし、コメントをつけて発表《はっぴょう》し、クラスのみんなで感想《かんそう》を言いあう。

②決《き》められたテーマのもと、ひとりまたはグループでスクラップし、記事へのコメントをそえてみんなの前で発表して意見《いけん》を交かんする。

新聞をスクラップしたときは、記事のそばにかならず新聞名と日づけを書いておくことを忘《わす》れないようにします。

こうしたスクラップ活動《かつどう》をさらに発展《はってん》させ、テーマにそった記事を集《あつ》め、新聞名(題字《だいじ》)や題字下、見出しや感想などをくわえたものが「スクラップ新聞」です。

左のページは、5年生がおこなったスクラップ新聞づくりの例《れい》です。みなさんもぜひチャレンジしてください。

豆《まめ》ちしき　NIE《エヌアイイー》とスクラップ新聞

NIE《エヌアイイー》は、Newspaper《ニュースペーパー》 in《イン》 Education《エヂュケイション》の頭文字《かしらもじ》で、学校などで新聞を教材《きょうざい》として活用することです。1930年代《ねんだい》にアメリカではじまり、日本では1985年からおこなわれるようになりました。

今では新聞を教材として、記事《きじ》を読んで見出しをつけたり、自分の考えをまとめたりするなど、さまざまな学習《がくしゅう》がおこなわれています。スクラップやスクラップ新聞づくりも、NIEの活動《かつどう》のひとつとして多くの学校で実践《じっせん》されています。

●「台風による災害《さいがい》」をテーマとしたスクラップ新聞の例《れい》

❶台風についての記事《きじ》をさがし、選《えら》んだ記事を切りぬく。

❷新聞名（題字《だいじ》）をつけて、選《えら》んだ記事《きじ》を用紙にならべてみる。

❸用紙に記事《きじ》をはりつける。

❹見出しをつける。

❺みんなの前で発表《はっぴょう》して、意見《いけん》を交かんする。

（写真協力／東京都練馬区立光和小学校）

さくいん

青字はこの本に出ている一般紙《いっぱんし》の紙面《しめん》が出ているところ、赤字は小・中学生がつくった新聞の紙面が出ているところです。

た
対角線《たいかくせん》 20
題字《だいじ》 14、15、44、45
題字下《だいじした》 44
宅配《たくはい》 5
たたみ記事《きじ》 21
タブロイド版《はん》 21
段組《だんぐみ》 15
地域紙《ちいきし》 11、35
地域面《ちいきめん》 16、19
地方紙《ちほうし》 9、10、11、30
中学生新聞 10
朝刊《ちょうかん》 15、16、28、30、31
手書き 12、34
デスク 28、29、33
電子《でんし》新聞 31
天声人語《てんせいじんご》 27
東京日日《とうきょうにちにち》新聞 13
特集記事《とくしゅうきじ》 18、21、26、27
読書新聞 39
特《とく》ダネ 14
トップ記事《きじ》 18、19、29
な
流《なが》しぐみ 21
『なぜなぜ物語《ものがたり》』 25
日刊新聞《にっかんしんぶん》 9、12
news《ニューズ》 5
ニュース記事《きじ》 16、18、22、23、24、26
ニュースサイト 10、31
newspaper《ニューズペーパー》 5
nouvelles《ヌーベル》 5
ノート型《がた》パソコン 28
は
報《パオ》 5
はがき新聞 39
パソコン新聞 38
発行所《はっこうじょ》 14
発行日《はっこうび》 14
発送《はっそう》 29、30、31
版《はん》 30
版数《はんすう》 15
東日本大震災《ひがしにほんだいしんさい》 34、40
避難所《ひなんじょ》 34、40
ビューズ 26
「ファイト新聞」 40
フリーペーパー 10
ブロック紙 11
編集《へんしゅう》 28、30
編集会議《へんしゅうかいぎ》 29
編集後記《へんしゅうこうき》 42
編集手帳《へんしゅうてちょう》 27
報道機関《ほうどうきかん》 10
本文 22、23
ま
毎日新聞 7、8、14、15、16、17、18、19、23、27
毎日新聞 13、16、18、27、28、30
毎日小学生新聞 21、24、25、27
見出し 18、19、20、21、22、23、29、44、45
面《めん》 16
面数《めんすう》 15、16
もくじ 14
や
夕刊《ゆうかん》 10、15、28、30
用語解説《かいせつ》 22、23
横浜《よこはま》毎日新聞 13
読売新聞 7
読売新聞（讀賣《よみうり》新聞） 13、18、27
ヨハン・カルロス 12、13
余録《よろく》 27
ら
リード（前文） 22、23
輪転機《りんてんき》 29、30
レイアウト 20
歴史《れきし》新聞 39
レラツィオン 12
連載記事《れんさいきじ》 18、21、26、27
論説《ろんせつ》 21
論説委員《ろんせついいん》 27
わ
「わがまち新聞」コンクール 40
割《わ》りつけ 20、21

監修

竹泉 稔（たけいずみ みのる）

1959年東京都生まれ。1983年から東京都の公立小学校に勤務。全国新聞教育研究大会において、NIEの実践報告と新聞づくりの講師を務めてきた。現在、東京都練馬区立大泉東小学校副校長、全国新聞教育研究協議会副理事長、東京都小学校新聞教育研究会理事長。

新聞教育や社会科の教育書への寄稿多数。共著に『総合的な学習に生きる新聞教育』（東洋館出版社）がある。

取材協力／新聞協力（敬称略）

毎日新聞社、石巻日日新聞社
朝日新聞社、北日本新聞社、読売新聞社、社団法人日本新聞協会

臼井 淑子、笠井 修一、香山 昌彦、西郷 輝久、齋藤 真結美、
佐藤 はるみ、徳田 貢一、武藤 和彦、守岡 悦子

東京都小学校新聞教育研究会
公益財団法人理想教育財団

写真協力

国立国会図書館
日本新聞博物館
河出書房新社
岩手県山田町立大沢小学校
私立国立学園小学校
千葉県市川市立塩焼小学校
東京都荒川区立諏訪台中学校
東京都練馬区立光和小学校

※この本にのっている新聞は、原文のまま掲載しています。
※この本のデータは、2012年2月までに調べたものです。

装丁・デザイン・DTP

信太 知美

編集

こどもくらぶ

こどもくらぶは、あそび・教育・福祉分野で、子どもに関する書籍を、企画・編集しているエヌ・アンド・エス企画編集室の愛称。毎年100タイトルほどの作品を発表している。

ホームページ　http://www.imajinsha.co.jp

制作

㈱エヌ・アンド・エス企画

調べてまとめて新聞づくり① 新聞ってどんなもの？　N.D.C.375

2012年3月　第1刷発行 ©　2019年9月　第6刷

監修　竹泉 稔
発行者　千葉 均　編集 浦野 由美子
発行所　株式会社ポプラ社
〒102-8519 東京都千代田区麹町 4-2-6
電話　営業：03 (5877) 8109
編集：03 (5877) 8113
ホームページ www.poplar.co.jp
印刷・製本　大日本印刷株式会社

Printed in Japan

●落丁本、乱丁本はお取り替えいたします。小社宛にご連絡ください。
電話 0120-666-553　受付時間：月～金曜日　9：00～17：00（祝日・休日は除く）

P7115001

47p 29cm
ISBN978-4-591-12800-8

調べてまとめて新聞づくり

全5巻

① 新聞ってどんなもの？
② 新聞のつくり方・見せ方
③ 授業のまとめ新聞をつくろう
④ 研究したことを新聞で発表しよう
⑤ 学級新聞・学校新聞をつくろう

監修・竹泉稔

小学校中学年～中学生向き
各47ページ　N.D.C.375
A4変型判　オールカラー
図書館用特別堅牢製本図書

六年《ねん》生《せい》から在《ざい》校《こう》生《せい》へ
実りのある2日間にしよう
さわやかあいさつでいい気分
入学おめでとう
楽しみ!!修学旅行
六年《ねん》生《せい》への思《おも》い
どうだった? 初めての
音楽鑑賞会
むし歯をなくそう
いたい〜
くらしの中でリサイクル
熱中症に気を付けて!
冬休みのすごし方
クリスマス
あなたはどうすごす?
お正月